U0915447

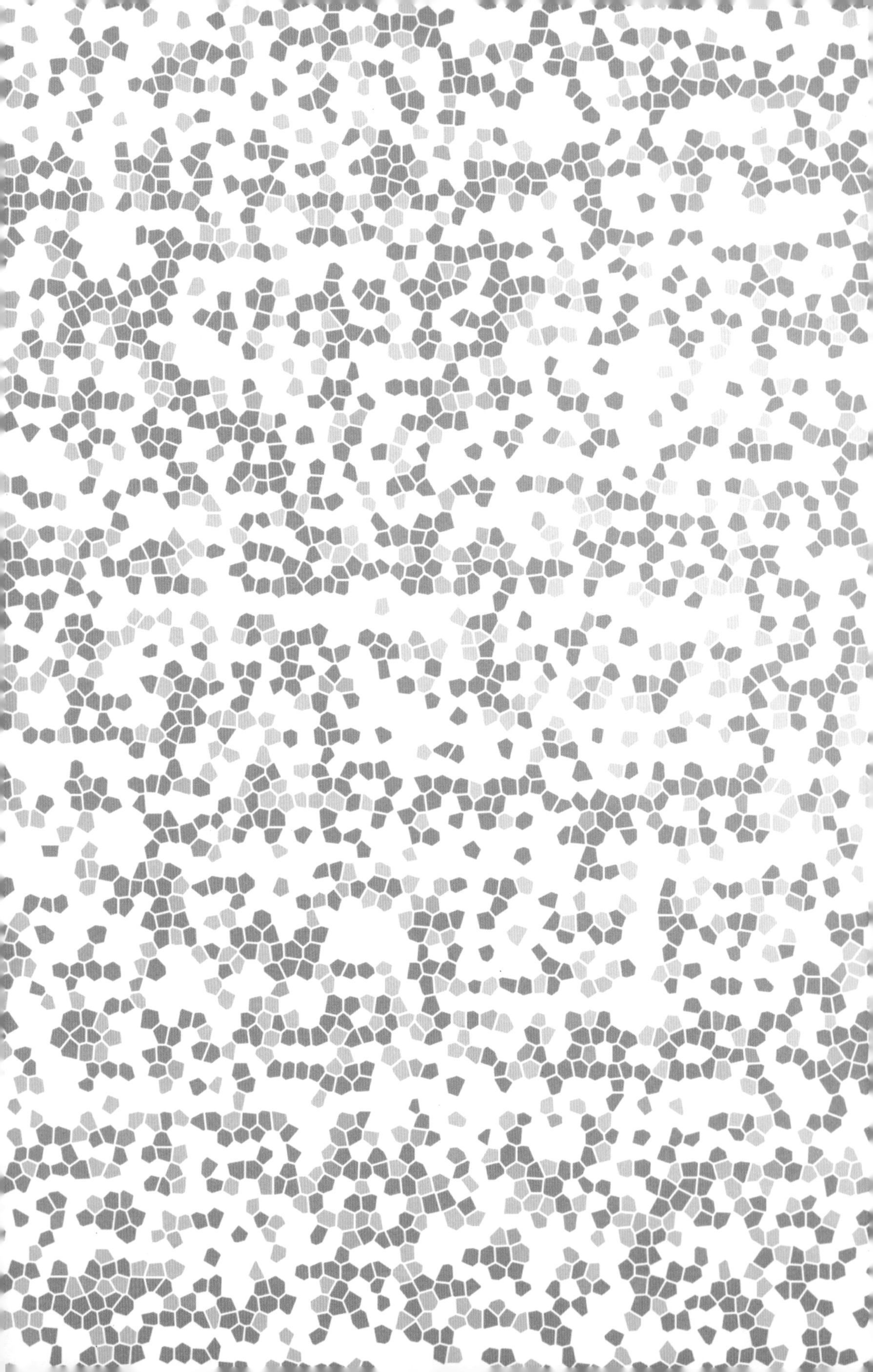

我国制造业转型升级评价及影响因素研究

RESEARCH ON THE EVALUATION AND INFLUENCING FACTORS OF MANUFACTURING INDUSTRY TRANSFORMATION AND UPGRADING IN CHINA

肖国东　著

本书获得吉林省社会科学院出版资助

摘　要

金融危机之后，发达国家相继出台“再工业化”战略，鼓励技术创新，调整产业结构，以便找到重振经济的新途径。发达国家“再工业化”战略加剧了我国制造业转型升级的紧迫性。与发达国家相比，我国制造业仍然存在产业层次较低、创新能力不强、利用外资水平不高等问题，转型升级的制约因素依然存在。

我国作为制造业大国，正处于由传统制造业向现代制造业转型升级的过渡阶段，过去粗放型增长模式所积存的诸多问题日益突出，资源环境约束也不断增强，经济新常态对制造业转型升级提出了更高的要求。依靠传统要素的粗放型增长模式难以为继，未来我国制造业要更多地依靠技术创新，通过提高要素质量来实现可持续发展。

有鉴于此，本书从我国制造业转型升级现实条件出发，在测度制造业转型升级方向和速度、评价制造业转型升级效率的基础上，分析制约我国制造业转型升级的内在因素和外在因素，破解路径依赖的锁定效应，并提出加快我国制造业转型升级的对策建议，以推动粗放型要素驱动模式向集约型创新驱动模式转变。本书按照提出问题、分析问题和解决问题的思路来展开研究，主要研究内容如下。

第一章绪论，分析了我国制造业转型升级背景及面临的形势。国际金融危机后，发达国家和发展中国家相继出台重塑制造业竞争新优势的举措，我国制造业面临“双重”挤压，为积极应对国内外发展环境变化的挑战，应推动发展速度向发展质量转变，推动要素驱动向创新驱动转变。通过回顾国内外制造业转型升级已有研究成果可以看出，技术创新驱动转型升级的重要性得到认同，但如何发挥要素质量的驱动作用的相关研究较少，且在量化测度和影响因素实证研究方面还有待深入研究。

第二章概念界定及理论基础。在中观层面制造业转型升级是指制造业内部高端要素替代低端要素的过程，即从劳动密集型行业向资本密集型和技术密集型行业转变的过程，此过程中要素效率也得到了提升。技术创新是转型升级的内生动力，技术创新效率体现了技术能力在生产过程的重要作用，同时也是转型升级过程的集中体现。通过对技术创新和 FDI 技术溢出效应予以界定，并分析工业化阶段理论、产业结构演进理论和可持续发展理论发展脉络，为后续研究奠定理论基础。

第三章我国制造业转型升级影响因素的作用机制。制造业转型升级会受到内部因素、外部因素和路径依赖性的影响。从内部因素看，转型升级更多地依靠人才、技术和制度等新型要素来实现集约型发展模式。从外部因素看，调整所有制结构可优化资源配置，通过外商投资和对外贸易的示范和竞争效应，我国制造业得以获取转型升级所需的知识、技术、管理等高级生产要素，从而推动产业转型升级。此外，路径依赖性对我国制造业转型升级具有双重作用。

第四章我国制造业转型升级的现实基础。资源环境约束不断增强，粗放型增长方式难以为继，转型升级的要求更加迫切。“新常态”成为我国制造业经济发展的阶段性特征，产业结构如何适应消费结构的变化，为我国产业转型升级提出了更高的要求。我国工业化进程处于中期向后期过渡阶段，在重工业化和高加工度化的基础上，制造业结构将进一步表现出技术集约化的趋势。落后产能面临淘汰，技术创新将是转变发展方式的中心环节。

第五章我国制造业转型升级方向和速度测度。采用结构超前系数测度制造业转型升级方向。采用 Lilien 指数模型和 More 值测定制造业转型升级速度，前者通过考察劳动力在各行业间的转移来测度转型升级速度；后者通过考察行业结构的变动来测度转型升级速度。结构超前系数结果显示，我国制造业技术密集型行业结构演进较快。Lilien 指数测度结果显示，我国制造业内部劳动力转移速度在加快，而行业结构矢量夹角值和行业结构年均变动值测度结果均显示制造业内部结构变化较慢。

第六章我国制造业转型升级效率评价及测算结果。按照时间因素的影响，从静态性和动态性角度，分析制造业转型升级效率。使用 Bootstrap - DEA 方法逐年计算各个地区的制造业转型升级的效率。静态性分析结果显示，全国 30 个地区的制造业转型升级效率的静态性特征值呈现出一个逐步提高的趋势，而动态性分析结果显示，制造业转型升级效率的动态性特征值出现了下降的变化趋势，且在区域内部之间的差异在不断缩小。

第七章我国制造业转型升级影响因素实证分析。在测度制造业转型升级方向和速度基础上，利用动态空间面板模型实证分析制造业转型升级方向和速度影响因素的作用效果。结果显示，人力资本和出口水平对制造业转型升级方向和速度影响最大，内部因素的影响程度大于外部因素，劳动力转移速度的路径依赖性强于制造业结构变动速度。在评价制造业转型升级效率的基础上，鉴于效率的值仅仅在区间［0，1］之内，采用空间 Tobit 模型实证分析制造业转型升级效率影响因素的作用效果。结果显示，人力资本和出口水平对制造业转型升级效率的影响最为显著，内、外部因素的影响程度不分伯仲，而 FDI 的技术溢出效应不明显。

第八章加快我国制造业转型升级的对策建议。鉴于实证分析结果，从三个方面提出提高要素质量推动我国制造业转型升级的对策建议。第一，加快新旧动能转换，进一步增强创新发展能力，塑造产业竞争新优势。第二，为破解我国制造业转型升级的路径依赖性，应以发展高端制造业为突破口，深化体制机制改革，增强政策支持力度。第三，为发挥外资促进制造业转型升级的作用，应深化国际产能合作，释放技术溢出效应，提升对外开放层次。

结论部分针对本文提出问题、分析问题和解决问题中形成的主要研究结论予以总结。

关键词： 制造业转型升级；产业结构演进；技术创新集约化；空间面板模型；空间 Tobit 模型

Abstract

After the financial crisis, the global economy fell into a downturn, and developed countries pursued a policy of economic recovery based on " re-industrialization ", encouraging technological innovation and restructuring their industries in order to find new ways to revive their economies. The "re-industrialization" strategy of developed countries has intensified the urgency of manufacturing industry transformation and upgrading in our country. Compared with the developed countries, China's manufacturing industry still has the problems of low industrial level, weak innovation ability and low level of utilization of foreign capital. The constraints of transformation and upgrading still exist.

As a big manufacturing country, China is in the transition stage from traditional manufacturing to modern manufacturing. The problems accumulated in the past extensive growth model are becoming more and more prominent. The resource and environmental constraints are also increasing. The new normal of the economy has put forward higher requirements for manufacturing transformation and upgrading. The extensive model of growth based on large input of resources, low cost of factors of production and simple imitation of technology can not be sustained. In the future, China's manufacturing industry should rely more on technological innovation and improve the quality of factors to achieve sustainable development.

In view of this, based on the actual conditions of manufacturing transformation and upgrading in China, this paper evaluates the efficiency of manufacturing transformation and upgrading on the basis of measuring the level of manufacturing transformation and upgrading, analyzes the internal and external factors that restrict China's manufacturing transformation and upgrading, and resolves the locking effect of path dependence. And put forward the countermeasures and suggestions of accelerating the transformation and upgrading of our manufacturing industry in order to promote the transformation of the extensive factor driving model to the intensive innovation driving model. This paper is based on the idea of proposing problems, analyzing problems and solving problems. The main research contents are as follows:

The first chapter analyzes the background of the transformation and upgrading of China's manufacturing industry and the situation it faces. In the wake of the international financial crisis, developed and developing countries have taken steps to restore new advantages in manufacturing competition. China's manufacturing industry is faced with a " double squeeze" . In order to respond to the challenge of changing development conditions at home and abroad, we should shift the speed of development to the quality of development. Drive factor driven change to innovation-driven change. It can be seen that the importance of technology innovation-driven transformation and upgrading has been recognized, by reviewing the existing research results of manufacturing transformation and upgrading at home and abroad, but there are few related studies on how to play the driving role of production factors, and it is still to be studied in quantitative measurement and empirical research on influencing factors.

The second chapter related concepts and theoretical basis. Through the connotation analysis of manufacturing transformation and upgrading, it is determined that manufacturing transformation and upgrading is a dynamic process for manufacturing to develop to a higher level, including advanced aspects such as industry structure, technology structure and product structure. Technological innovation is the internal driving force of the transformation and upgrading. The efficiency of technological innovation reflects the important role of technological capability in the production process, and it is also the centralized embodiment of the transformation and upgrading process. By defining the effects of technological innovation and FDI spillover, and analyzing the development context of industrialization stage theory, industrial structure evolution theory and sustainable development theory, it lays the theoretical foundation for further research.

The third chapter China's manufacturing transformation and upgrading factors affecting the mechanism. The improvement of technology level and efficiency is the concentrated embodiment of manufacturing transformation and upgrading. Transformation and upgrading rely more on new elements such as talents, technology and institutions to achieve intensive development patterns. The change of ownership structure may affect the economic growth in many aspects. The opening up mode mainly affects the industrial transformation and upgrading through foreign investment and foreign trade. Through the spill-over effect, management demonstration and competition effect of foreign investment, our country can obtain the advanced factors of production such as knowledge, technology and management methods needed for industrial transformation and upgrading, thus promoting industrial transformation and upgrading. In addition, Path dependence has a "dual effect" on the transformation and upgrading of China's manufacturing industry.

The fourth chapter is the realistic basis for the transformation and upgrading of China's manufacturing industry. The constraints of resources and environment are constantly increasing, and the extensive growth mode is unsustainable. The requirements for transformation and upgrading are more urgent. The "new normal" has become the staged feature of China's manufacturing economy development. How the industrial structure adapts to the changes in the consumption structure has put forward higher requirements for China's industrial transformation and upgrading. China's industrialization process is in the middle to late transition stage. On the basis of heavy industrialization and high processing, the manufacturing structure will further show the trend of technology intensification. Backward production capacity is facing elimination, and technological innovation will be the central link in transforming the development mode.

The fifth chapter measures the level of China's manufacturing transformation and upgrading. Adopting the industry structure leading coefficient to measure the direction of manufacturing transformation and upgrading. The Lilien index model and the more value are used to measure the transformation and upgrading speed of the manufacturing industry. The former measures the speed of industrial transformation and upgrading by examining the transfer of labor among various industries; the latter measures the speed of industrial transformation and upgrading by examining the speed of change of the industrial structure. The results of the industry structure lead coefficient show that China's manufacturing technology-intensive industry structure has evolved rapidly. The Lilien index measurement results show that the labor redistribution speed in China's manufacturing industry is accelerating, while the industrial structure vector angle and the industry structure change mean value show that the internal structure of the manufacturing industry changes slowly.

The sixth chapter evaluates the efficiency of China's manufacturing transformation and upgrading. According to the influence of time factors, the efficiency of manufacturing transformation and upgrading is divided into static efficiency and dynamic efficiency. The Bootstrap – DEA method is used to calculate the static efficiency and dynamic efficiency of manufacturing transformation and upgrading in each region. The results show that the static efficiency of manufacturing transformation and upgrading in 30 regions of the country shows a gradual improvement trend, while the dynamic efficiency of manufacturing transformation and upgrading has declined. The dynamic efficiency of manufacturing transformation and upgrading in the region is different. Keep shrinking.

The seventh chapter empirically analyzes the factors affecting the transformation and upgrading of China's manufacturing industry. On the basis of measuring the level of transformation and upgrading of the manufacturing industry, the dynamic spatial panel model is used to empirically analyze the effects of the factors affecting the transformation and upgrading of the manufacturing industry. The results show that human capital and export level have the greatest impact on the level of transformation and upgrading of manufacturing industry. The influence of internal factors is greater than external factors. The path dependence of labor redistribution speed is stronger than the speed of manufacturing structure. On the basis of evaluating the efficiency of manufacturing transformation and upgrading, in view of the fact that the value of efficiency is only within the interval, the spatial Tobit model is used to empirically analyze the effect of factors affecting the efficiency of manufacturing transformation and upgrading. The results show that human capital and export level have the most significant impact on the efficiency of manufacturing transformation and upgrading. The influence of internal and external factors is not bad, and the technology spillover effect of FDI is not obvious.

The eighth chapter proposes countermeasures to accelerate the transformation and upgrading of China's manufacturing industry. From three aspects, it puts forward suggestions on how to improve the quality of factors to promote the transformation and upgrading of China's manufacturing industry. First, accelerate the transformation of new and old kinetic energy, further enhance the ability of innovation and development, and shape new advantages in industrial competition. Second, in order to solve the path dependence of China's manufacturing transformation and upgrading, we should develop high-end manufacturing as a breakthrough, deepen institutional reform, and enhance policy support. Third, in order to give play to the role of foreign capital in promoting the transformation and upgrading of the manufacturing industry, it is necessary to deepen international capacity cooperation, release the technology spillover effect, and enhance the level of opening up.

The conclusion of this article. Summarize the conclusions of the research, including raising issues, analysing problems and resolving them.

Keywords: Manufacturing transformation and upgrading; Advanced industrialstructure; The intensification of technological innovation; Spatial panel model; Space Tobit model.

目　录

第一章　绪论

第一节　研究背景与研究意义

（一）研究背景

1. 发达国家重塑制造业竞争新优势

为应对金融危机之后的经济低迷，发达国家推行“再工业化”战略来推动经济复苏，如英国推出了“重振制造业战略”，日本发布了《制造业白皮书》，德国政府推出了“2020 高技术战略”，美国则颁布了《制造业促进法》《复兴与再投资法》等法规。这些战略的出台表明，未来刺激经济增长的方法不能仅拘泥于恢复传统制造业，而要将发展重点放在向高技术特征、高附加值、知识密集型产业的转型中，通过技术创新推动产业转型升级。

在以美国次贷危机为起点的 2008 年全球金融危机后，过度的金融创新、债务驱动型经济增长等问题凸显，成为美国经济发展的重大弊端，对虚拟经济和创新金融的过度依赖，使美国经济在痛定思痛下开始谋求向实体经济转型。以“美国出口倍增计划”为代表，美国力求通过增加投资来拉动经济危机后的美国就业市场，将重新推动制造业复苏作为减少失业率、复苏经济的重要突破口。美国总统科技顾问委员会也提出，美国需要重新确立先进制造业在经济中的领导地位，主要原因有三个：一是先进制造业能够保证技术领域的国家安全，二是先进制造业能够提供更多的就业机会，三是先进制造业能够有效汇集创新协同效应。

德国政府发布“2020 高技术战略”作为国家层面的创新战略，其出台背景是德国虽然是全球重要的出口大国，但许多企业却将制造的基地放在其他国家，从而出现了成本劣势、缺乏竞争力的现象。为了保住出口大国的市场地位，德国的高技术战略选择了十七个重点的技术创新领域，如安全技术、医药技术、能源技术、信息技术等，作为克服成本劣势的重要举措。特别在 2008 年全球金融危机后，德国“工业 4.0”战略的特点在于：首先要充分发挥整体优化效应，充分利用德国的技术和人力资源优势，扩大现有技术和经济潜能；其次是将智能化贯穿于制造业的全过程，不再是单纯的机器设备的自动化，而是生产过程的全面自动化。

在日本，在汽车制造、电器制造和通信设备制造业不断向海外转移的影响下，其国内的工业品出口量持续低迷，贸易赤字不断增加，日本制造业在国际市场中的竞争力受到严重影响。为了改变国内制造业的持续低迷，日本政府通过调整制造业结构来提高产品国际竞争力，且在 2014 年的《制造业白皮书》中提出日本未来将重点发展机器人、再生医疗、清洁能源汽车和 3D 打印等技术密集型产业。

世界产业分工深度调整，发达国家“再工业化”战略对我国制造业发展提出了新的挑战，面对外国企业资本回归的现状，许多大型外企将技术、资本密集型企业的生产转移回国内，现代制造业在外部需求方面骤然减少，这对我国制造业产业结构调整提出了迫切要求。

2. 发展中国家制造业优势突显

在发达国家“再工业化”战略及“工业 4.0”战略相继出台的背景下，发达国家高端制造业不断回流，发展中国家的低端制造业优势显现。1955 年巴西工业制成品出口比例仅为 1%，而到 2000 年此比例提升到77%。[①] 经过多年的快速发展，巴西资源加工发展模式业已形成，在新技术革命的推动下，劳动密集型行业的出口系数开始低于制造业增长的平均水平。受到国际金融危机的影响，印度制造业作为典型的劳动密集型产业，通货膨胀压力加大，制造业增速开始放缓，为了应对这种不良影响，印度政府通过减免制造企业关税等措施，来扶持国内制造业的发展。在2007年，印度政府投入100亿卢比建设三个纳米研究机构，通过前沿科技的动力作用来实现印度发展“知识经济”的战略构想，将制造业的发展重点转向高技术型制造业，摒弃了过去低技能制造业的发展模式，放眼于全球的外包业务。

东盟各国都通过发展劳动密集型产业来发展制造业。如泰国1954年颁布了《鼓励工业发展法》，从原材料进口减税方面吸引外资产业进驻，鼓励外国私人资本投资泰国制造业，从而推动了泰国汽车工业的迅速发展，将制造业从进口替代型转变为出口导向型；菲律宾也在1950年开始发展进口替代工业；印度尼西亚和马来西亚通过建设计划，都将工业确立为本国经济发展的主体。东盟国家的上述举措，抓住了发达工业国家产业转移的历史机遇，通过结构调整改变了传统制造业，实现了产业结构升级和经济持续增长。2013年东盟地区的五大经济体吸收的外国投资总额首次超过了中国。目前，其出口种类繁多，已成为全球第四大出口地区，占全球出口总量的7%，东盟地区的制造业增长势头迅猛。

3. 我国经济发展进入新常态

习近平总书记2014年在河南考察时首次提出经济“新常态”的概念，指出中国当前的经济发展阶段处于重要战略机遇时期，需要从中国经济发展的阶段性特征出发，适应新常态。[②] 此后，在亚太经

---

① Correa. P. G. , “The Effect of Trade Liberalisation on Market Power,” *The Case of the Brazilian Manufacturing* , 1997, p. 13; E. I. U. , *Coutry Report*: *Brazil*, June, 2001: 5, 30.

② 国家行政学院经济学教研部:《中国经济新常态》，人民出版社，2014。

合组织领导人峰会上，习近平总书记首次将“新常态”作为执政理念进行了阐述，习近平总书记在演讲中阐述了何为新常态、新常态能够带来哪些发展机遇以及如何适应新常态发展等重要内容。中国经济发展进入“新常态”，具有三个主要特点：一是经济增长从高速转为中高速，经济增速有所减慢；二是随着三次产业结构的不断调整，城乡差距逐步缩小，消费需求逐步扩大；三是改变了过去对资源环境的过度消耗，经济增长从要素驱动转向创新驱动。新常态的出现为我国的经济发展带来了新的机遇，首先，中国经济经历了多年的高速增长，经济体量与过去相比已不可同日而语，中国 GDP 增速从 2012 年起开始回落，2011 ~ 2017 年增速分别为 9.5%、7.9%、7.8%、7.3%、6.9%、6.7% 和 6.9%。以 2013 年为例，中国当年的 GDP 增长率为 7.8%，总增长量与 1994 年全球经济总量相同，世界排名第 17 位，仍然名列前茅，虽然增速放缓，但实际的经济增量仍然可观。其次，中国经济增长的动力更加多元化，从当前的经济发展战略和创新的宏观调控思路来看，中国经济更多地依靠国内消费驱动，经济韧性进一步增强，有能力应对各种可能出现的经济风险。最后，在新常态下，政府机构更加注重简政放权，进一步激发市场活力，为转型升级提供了多种便利。在注重发展机遇的同时，我国的经济发展和改革开放已经进入攻坚克难的阶段，过去粗放型的增长模式所积存的诸多问题日益突出，潜在风险逐渐浮出水面，这就要求在经济新常态的发展阶段把握经济发展阶段性特点，坚实深化经济体制改革，也对制造业转型升级提出了更高要求。

4.《中国制造 2025》出台

信息技术与工业的深度融合引发了全球产业竞争格局的重大调整，特别是全球金融危机后发达国家提出的“再工业化”战略。为了重新塑造本国的制造业优势，各发达国家纷纷出台新政，不断加大科技创新力度，推动形成新的生产方式和产业形态。全球的贸易投资格局出现重大调整，部分发展中国家也为了抢占制造业发展的竞争优势，积极承接国际产业和资本转移，参与全球产业的新一轮分工。因此从外部环境上看，我国经济发展面临着发达国家和发展中国家的“双向”挤压，必须加紧战略部署，将中国制造业大而不强的局面彻底扭转。从国内发展来看，我国制造业发展是支撑我国经济发展的重要基石，但就工业化进程而言与发达国家相比仍有较大差距，关键技术和核心设备的对外依存度还很高，自主创新能力和创新体系有待进一步完善，特别是由于过去粗放式发展模式所导致的累积结构性矛盾问题较为突出，信息化和工业化的深度融合有待增强，因此在全球市场上的竞争能力还有待提高。

我国经济进入新常态阶段，制造业转型升级和城镇化、信息化同步推进，超大规模的内需潜力为我国制造业发展提供了广阔的内需空间，但由于资源和环境的约束，依靠要素投入和规模扩张的粗放式发展难以为继，同时劳动力成本的上升使得投资和出口增速明显放缓，制造业转型升级的需求刻不容缓。《中国制造 2025》作为我国首个制造强国战略的十年行动纲领，会集百余名专家，规划了未来 10 年中国制造业的发展蓝图，以一条主线、四个转变、八项对策为核心，推动中国制造做大做强，推动我国制造业转型升级。其中“一条主线”是指以体现信息技术与制造技术深度融合的数字化、智能化、网络化制造为主线；“四个转变”是指由要素驱动转变为创新驱动、由生产型制造转变为服务型制造、由资源消耗大污染严重的粗放制造转变为绿色制造、由低成本竞争优势转变为质量效益竞争优势；“八项对策”分别为提升产品质量、强化制造基础、推行绿色制造、提升产品设计能力、完善技术创新体系、推行数字化网络化和智能化制造、发展现代制造服务业、培养具有全球竞争优势的产业集群。在《中国制造 2025》的指引下，把握新常态所带来的发展机遇，积极应对国内外环境变化的挑战，从经济发展速度向经济发展质量转变入手，将自主创新能力作为未来制造业转型升级的核心和关键因素，依托强大的制度优势和政策支持，统筹规划突出创新驱动，塑造中国制造业竞争的新优势已迫在眉睫。

（三）研究意义

1. 现实意义

国际金融危机后，发达国家相继出台“再工业化”战略，发展中国家制造业竞争优势显现，我国制造业面临“双向”挤压。为积极应对国内外环境变化的挑战，推动发展速度向发展质量转变，技术创新作为未来制造业转型升级的关键因素，对于我国重塑制造业竞争新优势具有重要意义。我国作为制造业大国，正处于由传统制造业向现代制造业转型升级的过渡阶段，过去粗放型增长模式所积存的诸多问题日益突出，资源环境约束也不断增强，经济“新常态”对制造业转型升级提出了更高的要求。目前，我国制造业体系相对完备，但与发达国家相比，我国制造业仍然存在着产业层次较低、创新能力不强、利用外资水平不高等问题，转型升级的制约因素依然存在。从我国制造业转型升级现实条件出发，分析制约我国制造业转型升级的内在因素和外在因素，破解路径依赖的锁定效应，对于优化资源配置，提高生产效率，推动“新常态”下制造业转型升级，抵御经济下行压力，具有重要意义。

2. 理论意义

技术创新作为内生动力因素，其驱动制造业转型升级的作用方式始终受到学术界的关注。本书以内生经济增长为逻辑起点，通过提高要素质量推动制造业向技术集约型转变，寻找解决依靠技术创新推动制造业转型升级的有效途径，揭示技术创新等内生因素对制造业转型升级的内在作用机制，以此完善制造业转型升级内生动力的理论认识。根据路径依赖理论的内涵，本书将其作为一种过程，强调历史作用产生的滞后性。由于体制机制弊端、技术发展滞后、长期累积的深层次结构矛盾突出等诸多问题的存在，我国制造业转型升级始终受到路径依赖性因素的制约。分析我国制造业转型升级的路径依赖性因素，以此完善路径依赖对制造业转型升级的双重作用。在完善技术创新等内在因素驱动转型升级作用机制的基础上，探讨外资等外在因素对制造业转型升级的影响，并综合行业发展内、外条件，深入分析我国制造业转型升级面临的困境，剖析深层次结构性矛盾，具有较强的科学性和系统性。

第二节　文献综述

（一）国外研究现状

理论研究集中于制造业转型升级模式研究。Gereffi（1999）将产业转型升级从资源配置的角度分为了四个层次，即国际领域的产业转型升级、国家内部产业的转型升级、不同地域之间的产业转型升级和产业内部的转型升级。在此基础上，通过结合全球价值链分析法，Humphrey（2002）将产业升级划分了四种模式，分别为：产品升级（product upgrading）、工艺升级（process upgrading）、跨产业升级（inter-sectoral upgrading）、功能升级（functional upgrading）。与此同时，Kaplinsky（2002）通过全球价值链分析法发现，对于发展中国家处在价值链低端环节的企业，可依次通过工艺（process）、产品（product）、功能（functional）的升级，达到产业链（industry chain）的升级，从而形成这种序贯式的升级模式。全球价值链理论还与产业集群理论相结合，如Schmitz（2006）通过分析全球价值链和产业治理模式，认为学习不同种类的价值链和治理模式能够实现全球价值链的价值增值，指出全球价值链治理模式在制造业转型升级中所起的作用，分析了制造业转型升级的机制及方法。Marks和Lauren（2005）将制造业企业升级路径总结为代加工生产模式向研发设计模式升级，再向自主品牌模式升级。

在实证研究方面，国外学者的研究主要集中于产业结构、影响因素和发展方式。Chenery（1960）通过分析51个国家的经济规模变化规律，运用数据实证分析发现制造业在工业化模式中与资源配置的关联度最大，农业和服务业关联最小。在产业结构方面，Caves（1974）利用澳大利亚和加拿大的制造业数据分析时，发现行业中外资份额的增加，能够带动两国当地企业利润率的提升，从而使两国产业结构得到优化；Barrios等（2005）分析爱尔兰时发现，跨国公司通过中间投入品能够带动当地企业发展，进而优化东道国产业结构。在影响因素方面，Albert等（2005）认为技术进步能缩小发展中国家与发达国家之间差距，发展中国家可以通过技术引进获取先进技术，从而优化制造业结构；Pavlinck等（2009）对欧洲四个国家的汽车制造业转型升级进行了研究，发现国外的直接投资能够对欧洲汽车行业的转型升级产生重大影响；Russu（2015）研究罗马尼亚制造业时，发现技术水平、劳动力技能水平等因素对制造业产业结构的影响显著。在发展方式方面，国外学者更多地关注创新和绿色发展；Fankhauser等（2013）选取了2005～2007年美国、英国、日本、意大利、法国、韩国、德国和中国的110个制造业专利数据，研究了绿色制造对国家行业层面的影响，认为绿色制造能够改变竞争优势；Sezen等（2013）通过回归分析法，对土耳其化学和汽车行业的53家公司进行问卷调查，结果显示环保创新能够对企业的可持续发展产生积极影响，得出生态创新和绿色制造能够提高企业的可持续发展能力的结论；Miguel等（2015）通过比较哥伦比亚制造业和服务业的创新时，发现创新投入越密集，创新程度越高，劳动生产率也越高；Thurner等（2016）应用潜类别分析研究，以俄罗斯600多家生态创新公司为样本，发现在能源密集型的行业中，创新程度高的公司在产品升级上十分注重绿色发展，将绿色产品开发作为销售手段，延伸到整个供应链。

（二）国内研究现状

通过借鉴国外学者的产业转型升级理论，国内学者在全球价值链分析法的基础上，对制造业转型升级做了进一步的研究，并且提出了与之相关的对策建议。如张辉（2004）对全球价值链理论的形成和研究思路进行了系统的总结，对如何应用价值链理论提出了建议，对制造业全球价值链理论的动力机制进行了理论创新。梅丽霞、蔡铂和聂鸣（2005）分析台湾计算机产业时，提出我国原始设备制造价值链升级路径为制造—设计—品牌，其过程中伴随着资本积累向技术创新的转变，从而达到价值链的升级。

国内学者对技术创新等内部影响因素方面进行了相关研究。易先忠等（2007）认为技术创新是产业转型升级的动力，中国现阶段的自主创新对技术进步的促进作用还不明显，主要是通过模仿外国的技术来促进技术进步，但随着自主创新能力的提高，模仿的促进作用会不断减弱，中国的技术创新正处于技术模仿向自主技术创新转变的发展阶段。刘伟、蔡志洲（2008）认为以制造业为主的中国工业，通过技术创新推动产业转型升级能够为中国的经济发展提供持续动力，并证实了技术创新能够影响生产效率和资源消耗，能够为经济增长做出贡献。李毅（2010）通过研究发现，制造业转型升级应当转变发展方向，从资源过度消耗的粗放型发展向注重质量效益的可持续发展方向转变，走上以自主创新和内生增长为核心的发展轨道，并受到发达国家再工业化战略的影响和国内资源配置的制约。张波（2010）认为企业的转型升级是适应内、外部环境变化的过程，是为了维持企业的生存发展而对经营战略的优化，通过不断创新形成新的竞争优势。金碚等（2011）对中国制造业转型升级中的发展现状与问题进行了系统描述，并分析了未来中国制造业发展的内外环境，来描述中国制造业转型升级的变化趋势，认为技术创新对制造业的转型升级具有重要作用，提出技术创新推动制造业转型升级的对策，研发投入成为企业转型升级的重要制约因素。姚正海、杨宝华等（2013）认为创新驱动能够推动产业转型升级和区域经济发展，而创新驱动离不开创新教育和创新人才，因此应充分结合产业分布特点和产业优势，充分发挥创新驱动效果。江源、陈颖婷（2014）认为中国制造业转型升级的主要方向应当是致力于成本优势向技术优势的转变，在供给结构明显滞后于需求结构的环境下，供需错位的现实状况对转型升级的要求更加迫切。朱晓霞、郭秀君等（2014）通过对中国高端装备制造业的分析，总结了我国高端装备制造业转型升级的动因，并探索了动因的相关对策。

此外，国内学者还对外资等外部影响因素方面进行了相关研究。杜修立、王维国（2007）在分析制造业的转型升级时，提出中国出口贸易的技术水平并未显著提高，改革开放以来虽然出口拉动了中国制造业的规模，但规模的扩大对制造业的产业升级拉动作用却不显著。李小平等（2008）也通过研究得出了类似结论，中国以出口为主的产业并没有很高的技术水平，出口的增长并未带动生产效率的提升，在出口的产品中对低端要素的依赖性较强，现有的国际贸易模式很难推动中国制造业转型升级。樊福卓（2008）通过研究发现外资工业是影响中国制造业结构升级的重要因素，尤其对高新技术产业的升级起着主导作用，提出增加科研投入来增强自主创新的能力，从而提高内资对制造业转型升级的影响能力。梁维全（2009）实证分析了广东省制造业结构升级的过程，测度了其中外资工业和内资工业对广东省制造业结构变化的贡献度，发现广东省的制造业结构变化由外资工业占据主导地位，其对制造业结构升级的贡献效应显著。任志成和戴翔（2014）分析中国行业面板数据时，发现贸易自由化对出口能力具有明显的提升作用，从而加速了制造业转型升级。鲁晓东（2014）分析研究中国制造业出口竞争力时，发现中国出口规模对出口技术水平并没有产生正向的影响。

综上所述，通过回顾国内外制造业转型升级的相关研究可以看出，在转型升级的理论研究方面国外起步较早，早期学者对转型升级概念及理论的研究范围较广，特别是全球价值链分析法的提出，为产业转型升级研究提供了新的视角。随着研究的不断深入，对行业和企业等微观主体的研究更加具体，通过大量的实证研究，国外学者对产业转型升级的影响因素研究得出了许多重要结论，对产业转型升级的理论体系和框架界定都做出了积极贡献。在国外学者早期理论研究的基础上，国内学者更加注重定性研究，对行业和企业的关注更多，对地域性的产业转型升级也都给出了相关的对策建议。目前，对于制造业转型升级而言，指标相对单一，缺乏动态性，在转型升级的量化评定和影响因素实证研究方面还存在一些不足，缺乏对技术创新、外资等内外因素驱动转型升级方式的系统性研究。为此，本书在国内外已有相关研究成果的基础上，围绕以下三个方面展开深入研究：（1）制造业转型升级方向和速度的测度；（2）制造业转型升级效率的评价；（3）在路径依赖性因素的作用下探究内、外因素驱动制造业转型升级的作用方式。从而对制造业内、外因素共同驱动制造业转型升级方式提供借鉴，以期为加快我国制造业转型升级提供一定的参考。

第三节 主要研究工作

（一）研究内容

本书分八章对我国制造业转型升级问题进行了研究，主要研究内容有问题提出、理论基础、现实条件、方向和速度测度、效率评价、影响因素、对策建议和结论。

第一章“绪论”，即问题的提出。金融危机后，发达国家的“再工业化”战略加剧了我国制造业转型升级的紧迫性。我国经济进入“新常态”，依靠资源要素投入的粗放型增长模式难以为继，未来我国制造业转型升级要更多地依靠技术创新来推动。目前，国内外关于制造业转型升级的研究成果较多，但仅强调了技术创新推动转型升级的作用，对技术创新如何摆脱路径依赖，内、外因素系统性角度影响转型升级方面的研究较少，且在量化评定和实证研究方面还存在一些不足，本书将针对上述方面展开深入研究，以完善制造业转型升级内生动力和外在因素的理论认识。

第二章“概念界定及理论基础”。虽然学术界还没有对制造业转型升级形成统一、明确的定义，但学术界对其内涵已有共识，即制造业转型升级是指制造业内部高端要素替代低端要素的动态过程，即劳动密集型行业向资本密集型和技术密集型行业转变的过程，其最终结果为要素效率的提高。技术创新是转型升级的内生动力，技术效率体现了技术能力在生产过程中的重要作用，同时也是转型升级的集中体现。外资技术溢出效应是转型升级的外在影响因素。对制造业转型升级、技术创新和外资技术溢出效应予以界定，并分析工业化阶段、产业结构演进和可持续发展理论，为后续研究奠定基础。

第三章“我国制造业转型升级影响因素的作用机制”。制造业转型升级会受到内部因素、外部因素和路径依赖性的影响。从内部因素看，转型升级更多地依靠人才、技术等新型要素来实现集约型发展模式，并将技术、人才等因素渗透到生产函数中，使其发挥重要的作用，并将其转化为现实的生产力。从外部因素看，所有制结构的变化、外商投资和对外贸易对制造业转型升级产生影响。通过技术外溢、管理示范和竞争效应，促使我国获取转型升级所需的知识、技术、管理方式等高级生产要素，从而推动产业转型升级。此外，路径依赖性对我国制造业转型升级具有双重作用。

第四章“我国制造业转型升级的现实基础”。经济“新常态”下，产业转型升级被赋予了新的使命，本章围绕经济新常态的三个特点，即高速增长转为中高速增长，要素驱动转为创新驱动，消费需求逐步成为主体，分析了我国产业结构调整现状、居民消费结构变动趋势。并采用钱纳里标准，对我国工业化进程进行综合判断，进而分析了消费结构升级的背景下我国产业转型升级的方向。

第五章“我国制造业转型升级方向和速度测度”。转型升级总是沿着一定的方向，是劳动密集型行业向资本密集型和技术密集型行业转变的过程，通常采用结构超前系数来描述。为了更好地反映转型升级的动态过程，More 将空间向量原理引入产业转型升级分析，Aleksandra 则利用 Lilien 指数测度转型升级速度将此研究更加全面化、细致化。因此，本章采用结构超前系数测度我国制造业转型升级方向。为了更好地反映制造业转型升级的动态过程，采用 Lilien 指数和 More 值测度我国制造业转型升级速度，前者通过考察劳动力在各个产业间的转移来测度制造业转型升级速度，后者通过考察产业结构的变化速度来测度制造业转型升级速度。

第六章“我国制造业转型升级效率评价及测算结果”。技术创新驱动制造业转型升级，是技术创新要素投入技术创新产出的过程，其过程特征为技术集约化程度的提高，本书选用技术创新效率来评价制造业转型升级过程，在此过程中，充分体现了要素质量的重要性。采用 Bootstrap - DEA 方法对我国制造业转型升级效率进行评价。按照时间因素的影响，从静态性和动态性角度，分析我国制造业转型升级效率。

第七章“我国制造业转型升级影响因素实证分析”。在第五章测度制造业转型升级方向和速度基础上，利用动态空间面板模型实证分析制造业转型升级方向和速度影响因素的作用效果，在路径依赖性因素作用下，分析内、外部因素对转型升级方向和速度的作用，寻找制约我国制造业转型升级的深层次因素。在第六章评价制造业转型升级效率的基础上，鉴于效率的值仅仅在区间［0，1］之内，采用空间 Tobit 模型实证分析内、外因素影响制造业转型升级效率的作用效果，探析制造业转型升级效率提升的长期机制。

第八章“加快我国制造业转型升级的对策建议”。基于转型升级方向、速度测度和效率评价，结合转型升级方向、速度和效率的影响因素分析结果，从提高要素质量出发，提出如何增强创新发展能力，加快新旧动能转变，发挥比较优势，推动产业结构优化升级，深化体制机制改革，发挥技术溢出效应，深化国际产能合作，提升对外开放层次等方面的建议，以破解制约制造业转型升级的瓶颈因素。

结论部分，本书对我国制造业转型升级进行评价，对其影响因素进行实证分析，并对本书提出问题、分析问题和解决问题中形成的研究结论给予总结（见图 1 – 1）。

（二）创新之处

转型升级问题始终是学术界和政策制定者关注的焦点，目前我国制造业粗放型增长模式难以为继，转型升级压力倍增，未来我国制造业要更多地依靠技术创新和提高要素质量来实现可持续发展。通过回顾国内外制造业转型升级的相关研究可以看出，技术创新驱动转型升级已得到普遍认同，但对技术创新如何驱动转型升级，通过哪些途径能提高要素质量来推动转型升级，还缺乏系统性研究。为此，本书在国内外已有相关研究成果的基础上，围绕转型升级方向和速度测度、效率评价及影响因素展开研究。

1. 测度我国制造业转型升级方向和速度。以往的研究衡量制造业转型升级集中于高技术产业比重的提高，指标相对单一，缺乏动态分析。为了更好地反映制造业结构的层次化和高度化趋势，按照生产要素投入密集程度，本书将制造业划分为劳动密集型、资本密集型和技术密集型三大类，采用结构超前系数、Lilien 指数和 More 值对转型升级方向和速度进行测度。结构超前系数结果显示，2000 ~ 2008 年

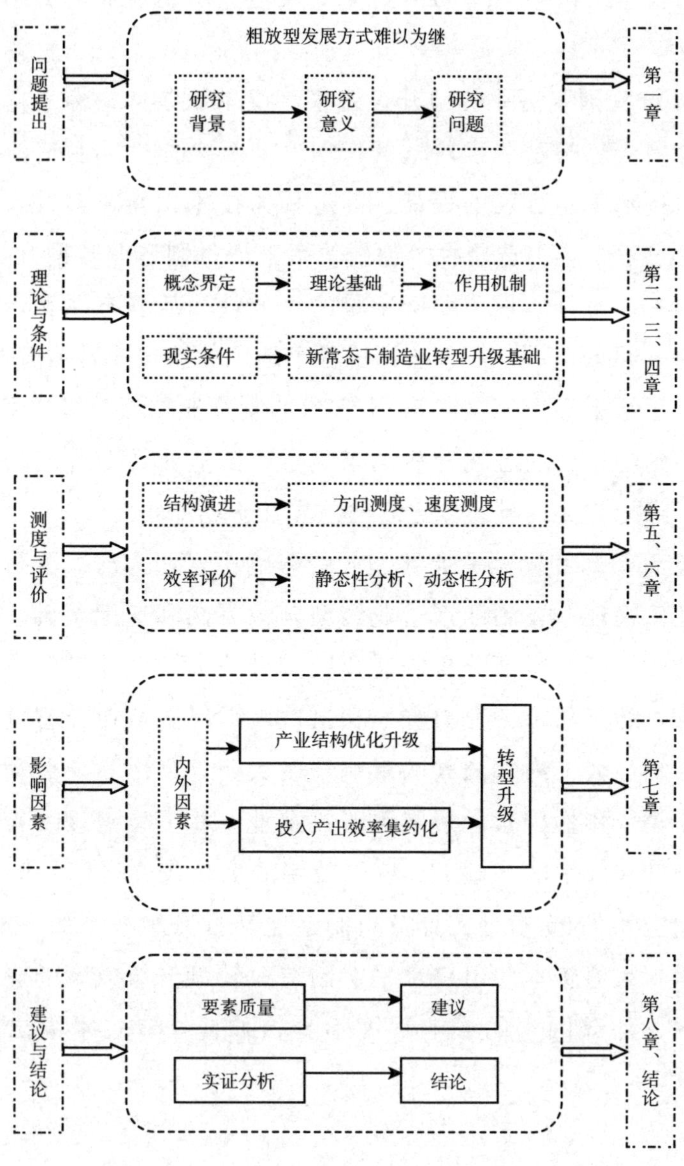

图 1－1　本书框架

制造业资本密集型行业结构超前发展，2009～2017 年制造业技术密集型产业和劳动密集型行业均体现了超前发展的特点。Lilien 指数测度结果显示，制造业内部劳动力转移速度在加快，而行业结构矢量夹角值和行业结构年均变动值测度结果均显示制造业内部结构变化较慢。

2. 评价我国制造业转型升级效率。仅采用结构指标来衡量制造业转型升级，忽略了要素质量的作用，缺乏全面性。制造业转型升级主要指技术集约程度的提高，其过程为技术创新要素投入技术创新产出的过程，本书选用技术创新效率来评价制造业转型升级过程，在此过程中，充分体现了要素质量的重要性。从静态性和动态性角度，使用 Bootstrap - DEA 方法评价各个地区的制造业转型升级效率。静态性分析结果显示，全国 30 个省份的制造业转型升级效率呈现逐步提高的趋势；而动态性分析结果显示，制造业转型升级动态效率出现了下降的趋势，且区域之间的差异在不断缩小。

3. 实证分析我国制造业转型升级影响因素。为深入分析转型升级的路径依赖性，在测度制造业转型升级方向和速度基础上，利用动态空间面板模型实证分析制造业转型升级方向和速度影响因素的作用效果。结果显示，人力资本和出口水平对制造业转型升级方向和速度影响最大，内部因素的影响程度大于外部因素，劳动力转移速度的路径依赖性因素的影响强于制造业结构变动速度。在评价制造业转型升级效率的基础上，鉴于效率的值仅仅在区间［0，1］之内，采用空间 Tobit 模型实证分析制造业转型升级效率的影响因素，结果显示，人力资本和出口水平对制造业转型升级效率的影响最为显著，内、外部因素的影响程度不分伯仲，外资技术溢出效应不明显。

第二章　概念界定及理论基础

第一节　相关概念界定

（一）制造业转型升级

1. 制造业转型升级的概念

虽然制造业转型升级在学术界还没有形成统一、明确的定义，但已有研究表明制造业转型升级的内涵包括宏观和中观两个层面。宏观层面制造业转型升级是指将制造业置于三次产业或工业结构中来考察制造业整体的表现，即当一个国家或地区三次产业结构或工业结构发生变化时，制造业的优化和调整。1899 年 Petty 最早分析了三次产业结构的变化，当人均国民收入不断提高时，他提出了第一产业的就业人口会逐渐转向二、三产业。而后 Kuznets（1971）在研究发达国家产业结构变化时，发现了国民收入和劳动力在产业结构变化中的一般规律。当经济发展水平提高时，国民收入中第一产业比重下降，第二产业比重上升，第三产业比重相对稳定；而劳动力在第一产业的比重下降，在第二产业的比重稳定，在第三产业的比重上升。Kuznets 发现的产业结构变化规律表明，当经济发展水平不断提高时，资源会从较低效率产业转向较高效率产业，从而实现产业结构的升级。在工业结构变化规律方面，Hoffmann（1931）将工业分为消费资料工业部门和资本资料工业部门，并发现前者的净产值和后者的净产值之间的比值呈现下降，这一比值被称为“霍夫曼比例”，根据这一比例，工业化阶段被划分为四个阶段。而后Chenery（1975）根据人均国内（地区）生产总值、三次产业结构等指标，将工业化进程分为前工业化、工业化实现和后工业化三个阶段，其中工业化实现阶段分为初期、中期和后期三个阶段，并提出了不同阶段的三次产业结构演进的具体标准值，也包括制造业结构演进的标准值。

中观层面制造业转型升级是指制造业内部高端要素替代低端要素的过程，即劳动密集型行业向资本密集型和技术密集型行业转变的过程，包括技术创新能力、加工制造能力的提高等。Gereffi（1999）从工业转型升级的角度，提出制造业转型升级通过提高技术创新能力，从而创造较高的附加值，进而实现低附加值向高附加值、低利润向高利润、劳动密集型向技术密集型状态的转变。Poon（2004）从价值链升级的角度，提出制造业转型升级指处于价值链低端的劳动密集型产品向处于价值链高端的资本或者技术密集型产品升级，继而实现价值链高端环节的提升。朱卫平和陈林（2011）从要素的角度，提出产业转型升级指具有土地和劳动等比较优势的低端要素向具有技术等比较优势的高端要素转变，从而实现产业要素由低端向高端攀升的过程。张志永（2011）认为制造业转型升级是先进技术推动的动态演进过程，即低水平向高水平演进，低加工化向高加工化转变、低附加值向高附加值转变，其过程伴随着劳动密集型向资本或技术密集型转变。

综上所述，无论是产品层面还是价值链等层面的转型升级，都意味着劳动密集型向资本或技术密集型的转变，因此本书研究的制造业转型升级为中观层面，即制造业内部劳动密集型向资本或技术密集型转变的过程，探究制造业内部低端要素如何向高端要素转型升级的问题。

2. 制造业转型升级的特征

从产品的角度看，如果在产品市场份额增加的过程中，产品附加值也提高了，那么可表明产业得到了转型升级。Kaplinsky 和 Readman（2005）采用产品价格和市场份额变动率来衡量转型升级。此外，具有较高产品增加值率也是转型升级的一个重要特征，产品的附加值越高，增加值率也越高，往往能表明产品处于价值链的较高端环节。增加值率是常用来衡量转型升级的指标，通常采用行业的增加值占总增加值比重来表示。从价值链看，各国资源禀赋不同，比较优势不同，参与国际分工的程度也不同，从而获取产品的附加值存在差异性。全球一体化进程加快，产业价值链分工更加深化，产品增加值率越高，表明越处于价值链高端。

从要素的角度看，刘志彪、陈柳（2014）提出制造业转型升级的特征是具有较高的要素生产效率，或者较高的技术水平。已有研究中，衡量制造业转型升级的指标包括劳动生产率、全要素生产率及技术密集程度等。劳动生产率为一定时间内单位劳动所创造的产值，是人力资本、管理水平和技术水平等要素的综合表现。类似地，全要素生产率为扣除劳动、资本后，广义技术进步的综合表现指标。除生产率外，已有研究采用研发经费投入占增加值比重作为技术密集程度的指标，该指标越高，越能体现行业的技术水平。与研发投入强度类似，采用研发人员占劳动投入比重反映技术密集程度和升级状况。技术研发经费和人员投入强度只体现了技术的投入，并没有强调产出。

综上所述，从产品角度看，高附加值的产品需要高技术的支撑，从要素角度看，技术创新能极大地提高生产效率。较高的技术投入产出效率能促进技术升级，不断生产新产品，增强市场竞争力，成为制造业转型升级的关键因素。因此，在要素层面，较高的技术投入产出效率是制造业转型升级的重要特征。

（二）技术创新内涵

1. 技术创新概念

国内外学者对技术创新的研究成果较为丰富，其中对技术创新

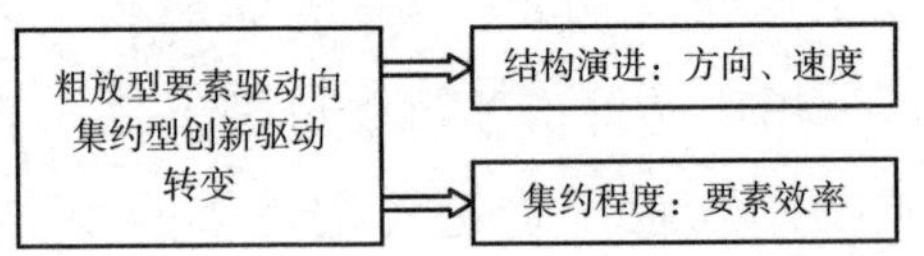

图 2-1 基于要素层面的制造业转型升级特征

的概念内涵进行了多角度的阐述。1912 年熊彼特（J. A. Schumpeter）在其《经济发展理论》中提出创新是指将新的生产要素或者生产条件进行组合，并引入企业的生产体系中，形成新的生产能力，从而获得潜在利润。弗里曼（C. Freeman，1982）认为技术创新是将新产品和新服务的首次商业化行为。我国学者张风、何传启（1999）提出，技术创新是围绕某个产品或工艺而开展的研发活动，既可以包含单一技术创新也可以包含多个单项技术创新，并通过应用新技术而产生经济效益。傅家骥等（1999）也提出，技术创新是以获取商业利益为目的，通过将技术转化为商品并在市场中销售，从而实现企业经济效益的行为。这些观点强调技术创新与商业行为密不可分。

除上述学者的观点外，经济合作与发展组织（OECD）也对技术创新做出了阐述。[①] 我国政府也对技术创新进行了阐述：企业通过新技术、新知识和新工艺的应用，结合新的管理模式和生产方式，从而实现新产品开发和产品质量的提高，并以此来实现和占据市场价值。[②]

综合上述观点，本书认为技术创新不同于发明创造，创新的成果被应用到生产实践中并创造出经济价值才算完成技术创新过程，因此技术创新并不仅限于对产品创新，更重要的是对其产业化的行为。同时，通过技术创新所得到的经济价值，能够为下一阶段的持

① OECD：《技术创新统计手册》中国财政经济出版社，1993，第 18~23 页。

② 中国政府网，http：//www. gov. cn/jrzg/2009-10/23/content_ 1447444. htm。

续性创新提供要素资源，促进技术创新水平的不断提高，通过这样一个循环发展的过程来推动产业技术水平的进步，带动产业向高技术、高附加值转变。

2. 技术创新的分类

按照创新对象、组织方式和技术变化情况的不同，技术创新可分为以下三类。

首先，从创新对象的角度，技术创新分为工艺创新和产品创新。其中产品创新是指将新技术应用于产品或服务中并进行商业化的过程；工艺创新则是指除了产品创新外，在生产过程中对管理、业务方式的创新，其目的在于提高生产效率和降低能源消耗，规范生产流程，往往与产品创新交替进行。

其次，从创新组织方式的角度，可将技术创新分为自主创新、模仿创新和合作创新。自主创新是依靠自身的力量进行的创新活动，目的是获得核心技术和自主知识产权，可以进一步分为原始创新、引进消化吸收再创新和集成创新等类型。模仿创新与自主创新不同，是对已有创新成果的改善和发展，能够有效节省科研经费的投入和降低市场投资风险。合作创新是指在创新过程中由多个创新个体共同参与，共同完成创新目标，公担投资风险的创新方式，如通过战略联盟、科研外包等形式进行的创新都属于合作创新。

最后，从技术水平变化的角度，技术创新可分为改进型创新和突破型创新。其中改进型创新的技术变化程度较弱，是对现有技术的进一步研发改良，具有渐进式的特点，因此也称为“渐进型创新”。突破性创新的技术水平变化强度大，是通过应用全新的技术来生产新产品，但这种突破是动态的、相对的，即对于一个产业或企业在一段时间内是全新的。因此突破型创新和改进型创新也是交替出现的，当企业实现技术突破后，会在一段时间持续出现技术改良，而后又孕育出新的技术突破。

（三）外资技术溢出效应

外资指“外商直接投资”，根据国际货币基金组织给出的定义，“外商直接投资（Foreign Direct Investment，FDI）是一种国际投资，它反映的是某个经济体的居民从其他经济体企业那里获得长期收益的目的”。[①] 从这一定义能够看出投资者与经济体具有长期性的关联，并对经济体有一定的控制权。FDI 通常被认为是一种国际企业间的合作，这种合作关系不仅包括对合作者所有权和管理权的控制，也涉及更广范围的物资供应和无形资产等方面。

对发展中国家而言，FDI 能够为本国带来新的技术来源，这也是近年来引进 FDI 的重要原因之一。技术溢出作为 FDI 所带来的重要社会收益，能够对经济发展起到积极的推动作用，因此成为许多发展中国家引进 FDI 的一项重要目标。我国学者程宏（2001）提出了技术溢出是跨国公司非自愿产生的，它推动了东道国技术进步，却不能获得收益。朱华桂（2003）也提出了相似观点，认为技术溢出是技术在非自愿的情况下扩散到东道国而引起的技术和生产力的进步，是一种技术扩散的外部经济。由此可以看出，技术溢出并非出于自愿，而是在非自愿的情况下给东道国带来的收益，并且这种收益并非通过市场行为达成的。

因此技术溢出通常具备以下三个特点。一是不确定性，由于技术溢出源于非自愿的行为，并且技术本身就难以度量，作为外部效应的技术溢出很难直接衡量，通过间接方式进行的衡量准确性又会有所降低，并且在实际发生的过程中，还会受到许多因素的外部干扰，因此技术溢出的不确定性明显。二是外部性，通过技术进步的内涵也能够看出，技术溢出是一种非市场的转让行为，那么在市场机制之外的外部性也是技术溢出的一个显著特点。三是不可控性，

---

① *International Monetary Fund.* The 5th Edition of the Balance of Payments Manual，1993.

技术溢出既然发生在跨国企业的投资过程中，那么无论是东道国还是企业都无法决定技术溢出的效果。从宏观层面看，它会受到东道国本地市场竞争程度的影响；从微观层面看，又会受到本地企业吸纳能力的影响，因此在技术溢出的过程中，任何一方都无法控制技术溢出的效果。

综上所述，通过对 FDI 内涵的梳理和溢出效应特点的分析，并结合本书的研究目的，本书中所指的 FDI 技术溢出效应是指：在对东道国进行直接投资的过程中，跨国企业通过某些非自愿的途径，将自身的经营理念、生产技术和管理经验渗透到东道国的本地企业中，起到了促进东道国本地企业技术水平提高的效果，进而推动东道国内资部门的经济增长，表现为经济外部性。

第二节 理论基础

（一）工业化阶段理论

1. 工业化内涵

工业化作为经济学研究的重要问题之一，从古典经济学派的克拉克、马歇尔等学者，到现代西方经济学家霍夫曼、罗斯托、钱纳里、库兹涅茨等人，都从不同的角度对其内涵进行过论述。很多学者将工业化简单地理解为重工业的发展增量，此种观点在理论上较为片面，理论视野狭窄。我国著名经济学家张培刚教授将工业化的概念与基要生产函数相关联，认为“工业化是一系列基要生产函数发生连续变化的过程，这种变化过程一般通过机械工业、动力工业、交通运输业、钢铁工业等部门的变化来体现”，其中的“基要生产函数”是指在整个经济发展体系中能够处于支配地位的生产函数。[①] 西方经济学家库

① 张培刚：《农业与工业化·中小合卷》，华中科技大学出版社，2002，第4~8页。

兹涅茨将工业化看作国民经济结构从农业部门转向非农业部门的过程。[①]《新帕尔格雷夫经济学大辞典》中对工业化的定义最为流行，即当国民经济中制造业比重提高时，制造业和第三产业就业人员比重也提高了，在此过程中，人均收入也增加了，[②] 权威的经济学著作和辞典多采用此种定义。

综合上述对工业化概念的四种解释，可以看出学术界对工业化还没有形成一个统一规范的解释。但从这些内涵中能够看出工业化作为一个过程，不局限于经济的持续增长，还包含经济制度的变革、经济结构的变化、城乡生活变革和社会生产力的提高等多方面内涵，特别是以制造业为代表的工业部门经济比重的增加和生产效率的提高，这些也是工业部门持续扩张的重要表现。

2. 霍夫曼定理

霍夫曼定理也称为霍夫曼经验定理，是在 20 世纪 30 年代初期，德国经济学家霍夫曼根据工业化进程中早、中两期的经验数据推算得出的。其研究的核心问题是工业化进程中工业结构的演变规律，进而对工业化中制造业消费资料工业生产与资本资料工业生产进行了比例演算。在《工业化的阶段和类型》一书中，霍夫曼提出了“霍夫曼比例”的概念，即消费资料工业的净产值除以资本资料工业的净产值得到的数值。通过霍夫曼比例对不同国家工业化过程中的重工业相对地位进行统计分析，得出无论工业化开始的时间如何，都具有一般性的发展趋势：当工业化不断发展时，消费资料与资本资料的部门净产值之比将逐渐下降，也就是霍夫曼比例呈现出下降趋势。这一结论就是著名的“霍夫曼定理”。

根据霍夫曼定理对工业化进行的描述，结合霍夫曼比例可以将

---

① 西蒙·库兹涅茨：《现代经济增长》，北京经济学院出版社，1989，第 1 页。

② 《新帕尔格雷经济学大辞典》，经济科学出版社，1992，第 861 页。

工业化进程划分为四个阶段[①]：第一阶段是霍夫曼比例在 4 ~ 6 的阶段，这一时期的消费资料工业发展较快，资本资料工业发展缓慢，二者的净产值之比即霍夫曼比例在 5 左右，消费资料工业在制造业中占领统治地位；第二阶段是霍夫曼比例为 1.5 ~ 3.5 的阶段，此阶段消费资料工业持续发展，资本资料工业发展速度开始加快但仍不及消费资料工业的规模，二者净产值之比在 2.5 左右；第三阶段是霍夫曼比例在 1 ± 0.5 的范围内，是消费资料工业与资本资料工业发展净产值之比持平，即二者发展规模大致相当的阶段；第四阶段是霍夫曼比例在 1 以下的阶段，即消费资料工业比重低于资本资料工业在制造业中的比重，也就是资本资料工业发展规模超过消费工业规模的阶段。从工业化进程的这四个阶段划分能够看出，霍夫曼认为工业化就是资本资料工业在工业中所占比重不断上升的过程，随着工业化进程的发展，霍夫曼比例会不断下降。在工业结构的演变过程中，消费资料工业的比重主要由轻纺部门贡献，而资本资料工业比重由重工业部门贡献，因此霍夫曼定理实际就是对工业结构中重工业所占比重的趋势分析。

在实际情况中，霍夫曼通过对 1880 ~ 1929 年英、美、法、德等 20 多个国家的消费资料工业和资本资料工业数据分析得出，工业化发展中存在霍夫曼比例不断下降的趋势，到 20 世纪 20 年代末期，这些处于工业化中期的国家，霍夫曼比例已趋近于 1，消费资料工业与资本资料工业比重大致持平，因此霍夫曼定理对工业化过程中阶段性结构的划分在工业化前期是符合现实发展情况的。而后，霍夫曼认为在进入工业化后期阶段时，资本工业比重还将持续上升，成为工业化后期国民经济的主导性产业。

在现代经济发展环境中，霍夫曼定理却无法得到进一步印证，其主要原因如下。首先，霍夫曼定理对工业化进程的研究重点在于

---

① Hoffmann W. G. *Industrial Economics.* Manchesters University Press, 1958.

经济结构的变化，其前提是假设经济系统中只存在工业和农业两种产业，因此产生了资本资料工业在工业中比重的上升等同于在国民经济中比重的上升这一情况。而从 20 世纪 40 年代“产业三分理论”的角度看，无论工业化进程发展处于何种阶段的国家，其经济结构中增长最快的产业都不是工业，而是服务业。作为第三产业的服务业无论是在产值结构还是在就业结构方面都是处于主导地位的产业，特别是生产性服务业在工业发达国家的生产成本和交易成本降低方面都起着重要作用。其次，霍夫曼定理的研究数据来源于工业化早期阶段的 20 多个发达国家，当时这些国家的工业发展还依赖于机器作业对手工作业的替代，是先行工业化国家的早期工业增长模式。在此阶段资本与劳动的比例具有特殊性，当资本机构成比例提高时，资本产品的增长就成为一种必然结果，而现代经济学研究发现，经济增长的主要动力并非资本的投入，而是生产效率的提高和科技水平的进步。因此，在现代经济环境下，霍夫曼定理的资本产品优先增长的假设就不再是一种必然。

3. 钱纳里工业化阶段理论

著名经济学家霍利斯·钱纳里（Hollis B. Chancery）1918 年生于美国弗吉尼亚州，先后担任斯坦福大学教授、哈佛大学教授、美国国际开发署副署长、世界银行副行长等职务，长期从事国际经济学和产业经济学研究。在 20 世纪 50 年代，钱纳里利用影子价格理论分析项目投资，拓展了微观计划理论；60 年代在其团队的共同努力下，提出了“两缺口模型”，将引进外资和进出口与投资、储蓄相关联，成为当时分析国际国内经济关系的重要模型；到了 80 年代，钱纳里等人又提出了“发展形势理论”，认为对于发展问题的研究，重点在于对经济结构的变动和各种制约因素的分析，如收入水平、人口规模、国际资本、先进技术等，并将研究领域拓展到了低收入的发展中国家，将储蓄和投资看作经济发展的必要条件而非充分条件，揭示了经济发展的标准型及特点。

钱纳里教授在长期研究产业经济学的基础上，从经济发展过程中制造业内部产业结构变动入手，揭示了制造业产业间存在产业关联效应，这一发现为研究制造业内部结构变动趋势提供了有效参考。钱纳里通过统计 1960～1980 年的数据资料，为"二战"后的九个准工业化国家的经济数据建立了市场占有率模型，即根据人均国内生产总值，将工业经济发展的过程分为了六个阶段，并认为每一阶段的转变都是产业结构转化的结果，即工业化阶段理论。①

在工业化阶段理论的框架下，第一阶段称为"不发达经济阶段"，这一时期的产业结构较为单一，以农业支撑产业结构，生产力水平较低，对经济发展起主要作用的制造业，如食品、纺织等行业极少；第二阶段是工业化初期阶段，这一时期的特点是劳动密集型产业占据主导地位，以生产建材、采掘等初级产业为主，是由农业主导向劳动密集型产业为主的工业化结构变革；第三阶段是工业化中期阶段，在此阶段第三产业得到迅速发展，制造业内部结构开始由轻工业的快速增长转向重工业的快速增长，也可以看作重工业化阶段，大规模的重工业发展开始成为推动经济增长的关键因素，资本密集型产业占据主体，非农业劳动力成为主导；第四阶段是工业化后期阶段，在前期第一、第二产业不断发展的基础上，这一时期发展最为突出的领域是第三产业，如新兴服务业等，开始由过去的平稳发展转入持续的高速增长阶段，第三产业成为推动区域经济增长的主要力量；第五阶段是后工业化社会，即在生活方式更加现代化的同时，高档耐用消费品进一步普及，因此技术密集型产业得到迅速发展，资本密集型产业转向技术密集型产业；第六阶段是现代化社会，在此阶段第三产业出现分化，由于市场中消费欲望的多样性，知识密集型产业从服务业中逐渐分离，并占据主导地位。

---

① H. 钱纳里等：《工业化和经济增长的比较研究》，三联书店，1989，第 71 页。

4. 我国新型工业化道路

党的十六大报告提出要以信息化带动新型工业化发展，通过提高科技含量来实现经济效益和资源环境的和谐发展，充分发挥人力资源的优势。① 党十八大报告中提出中国特色的新型工业化道路就是要促进信息化、工业化、农业现代化和城镇化的协调发展。② 党的十九大报告提出新型工业化更加强调质量和效益。③ 因此，与传统的工业化相比，新型工业化增加了以下两个特色。首先，充分发挥我国人力资源优势，是以技术创新为驱动力的工业化。由于我国国情具有人口多、劳动力资源丰富的特点，因此在工业化过程中，充分发挥我国的人力资源优势，重视扩大就业，提高劳动生产率，要处理好劳动密集型产业和技术密集型产业的关系、实体经济与虚拟经济的关系，实现工业化跨越式发展。其次，注重可持续发展能力，是实现人与环境和谐发展的工业化。过去发达国家的发展经验表明，先发展后治理，对资源的消耗巨大，对环境的破坏严重。因此，我国新型工业化特别重视环境保护和生态建设，在经济发展的同时协调好与环境、资源的关系，通过技术创新减少环境污染和资源消耗，增强我国的可持续发展能力。

（二）产业结构演进理论

各国学者通过对产业结构演进规律的历史分析和实证研究，能够对三次产业结构演进的一般规律有所把握，其中具有代表性的当数配第—克拉克定理和库兹涅茨提出的产业结构演进规律。

克拉克通过统计20个国家的部门劳动投入与总支出，按时间序列对其数据计算发现，随着人均国民收入的提高，劳动力从第一产业转向第二产业，收入水平进一步提高，劳动力会转移至第

---

① 人民网，http：//dangshi. people. com. cn/GB/165617/166499/9981545. html。

② 人民网，http：//finance. people. com. cn/n1/2017/1020/c1004 -29597403. html。

③ 新华网，http：//www. xinhuanet. com/politics/2018 -02/22/c_ 1122435042. htm。

三产业。[1] 因此，配第—克拉克定理的主要研究内容是随着人均国民收入的提高与经济的发展，就业人口在三次产业结构中的变化和分布规律。当人均国民收入增加时，农业劳动力所占的份额较小，那么这个国家的第二产业和第三产业的劳动力占比将会增大；反之，如果人均国民收入出现下降时，农业劳动力所占的份额将会增加，同时出现第二产业和第三产业劳动力占比减少的现象。而且，配第—克拉克定理不仅对一个国家经济发展的时间序列有效，对于发展水平相差甚远的不同国家，如果选取相同时间点上的横断面比例进行观察，此定理依然有效。但配第—克拉克定理成立也需要一定的前提假设。首先，配第—克拉克定理将三次产业的分类方法作为定理使用的主要方法；其次，配第—克拉克定理形成的依据是基于多个国家的时间序列的数据变化；最后，配第—克拉克定理在分析产业结构的演进规律时，以劳动力的变化为其研究的衡量指标。

美国经济学家库兹涅茨研究了三次产业结构所影响的国民收入变化及比例关系，有“GNP之父”的美誉。库兹涅茨专长于统计国民收入，对于国民经济问题的研究具有独到的见解。他利用20多个国家的数据，以产业间的劳动力和国民收入变化为出发点，以产业中的国民收入相对比与劳动力相对比的比例关系来表示相对国民收入（也称为劳动生产率）。[2] 数学表达式为 $A = X_1/X_2$，其中 A 为某产业的相对国民收入，X_1 为该产业的国民收入相对比，X_2 为该产业的劳动力相对比。结合产业结构变化的时间序列分析，可以得出国民收入中的工业部门占比具有增大的趋势，但劳动力的相对比重却只有小幅增长甚至没有变化。因此，从库兹涅茨的研究结果能够看出，当工业化发展到一定程度时，工业部门吸纳劳动力的能力微乎其微，

---

① Colin，M A Clark. *The Conditions of Economoc Progress.* London：Macmilan&Co. Ltd，1940：395.

② 库茨涅茨：《各国的经济增长》，商务印书馆，1958，第21页。

而服务部门在这一方面具有显著优势，他认为生产率作为衡量经济增长质量的重要指标，如果没有各部门经济份额的转换就无法实现人均产出的高速增长，因此结构的变化是生产力和经济增长的重要推动因素。

从上述具有代表性的产业结构演进理论中不难看出，随着经济的发展，产业结构会发生转换，而产业结构的变化又在一定程度上决定经济增长的方式，可见产业结构的优化升级是促进经济增长的重要推动力。

（三）可持续发展理论

1. 可持续发展理论的形成背景

1972 年罗马俱乐部的研究报告《增长的极限》明确提出了“合理持久均衡发展”和“持续增长”的概念，指出减少地球资源消耗和限制工业生产能够维持地球的生态环境平衡。1987 年《我们共同的未来》正式提出“可持续发展”的概念后，理论界的研究重点转向人类社会经济发展与生态环境承载能力平衡上来，这标志着可持续发展理论的产生，并逐步形成理论系统和研究途径。20 世纪 90 年代以来，可持续发展理论的研究开始集中于区域经济和环境关系的宏观研究。由于资源的浪费性开采和低效率加工，资源丰富地区的经济增长速度往往落后于资源匮乏地区。因此，可持续发展理论要求从转变经济发展方式的角度，从源头上解决环境污染问题和生态平衡问题。对于可持续发展理论的研究，其中的重点产业之一就是制造业，在制造业转变发展模式的指导思想下，要以产业演进理论为基础，借鉴现代经济学中罗斯托的经济成长阶段理论和可持续发展研究成果。其中罗斯托认为随着生产力水平的提高和科技水平的不断进步，过去主导产业的带动作用一旦完成，必将出现主导产业的更替，这种旧的主导产业衰退和新主导产业的诞生过程就意味着产业结构的演进和动态发展。

2. 可持续发展的内涵

全球经济发展进程不断加快，人类社会与自然环境间的矛盾日益突出，全球范围内都面临生态破坏和环境污染的严重问题。人们开始意识到仅靠科技手段来进行环境修补是无法根本解决环境污染问题的，需要在人类行为和社会活动中改变过去粗放型的经济发展观念。特别是进入20世纪90年代后，1992年世界环境与发展会议和1995年哥本哈根世界首脑会议都将可持续发展列入正式的会议议程。

可持续发展的内涵就是谋求自然环境与人类经济发展的协调和平衡，通过建立人与自然的新平衡关系来遏制环境污染和其导致的自然灾害；在追求经济增长的同时，以科技进步为依托，控制环境破坏，改善经济发展质量，维护人类赖以生存的生态环境，努力建成“低消耗、高收益、低污染、高效益”的良性发展循环。可持续发展的内涵体现了以下几个原则：首先是持续性原则，人类任何经济活动形式，都需要考虑自然资源和环境的承载能力，需要通过经济发展方式的调节来实现生态资源的永续利用；其次是公平性原则，这项原则是指在经济发展的过程中，不仅要考虑这一代人的经济收益，还要兼顾子孙后代的利益，不可过度消耗资源；最后是共同性原则，可持续发展已不再是一人、一国的发展目标，而是全球经济发展的总体目标，需要全球各国共同努力，维护经济高效、多维、公平、协调发展，以平衡生态环境为主要准则。

3. 可持续发展理论的内容及特点

可持续发展理论强调通过协调经济增长和环境保护来实现可持续发展。可持续发展理论的主要内容包含以下几个方面。

第一，可持续发展理论的核心就是从科技入手，建立一个可持续发展的社会、环境平衡关系。建立可持续发展目标下的“资源—环境—经济”的系统管理体制，对资源、环境和经济发展之间的关系形成独立的“账户”体系，间接地将资源、环境因素纳入国民经济核算，从而克服传统国民经济核算体系的缺陷。

第二，可持续发展与环境。20 世纪 70 年代后期，环境学家提出“外部经济内在化”观点，通过价格、信贷和税收等经济杠杆，将社会损失纳入生产成本，也就是将外部因素纳入生产过程，从而保护生态资源。里昂惕夫结合投入产出法对“外部性”与国民经济的投入产出关系进行了探索。到 80 年代后，随着环境资源价值理论的进一步完善，除了将环境资源纳入国民经济核算外，还在中观层面优化生产力布局，调整产业结构；在微观层面分析了可持续发展效益，环境经济学发展日益成熟。

第三，可持续发展与经济。可持续发展与经济的关系主要分为两个层面：一是农业协调生产优化问题，主要包括通过生态位共享的原理进行生产、种植制度与耕作方式要适应环境、利用共生补偿原理减低污染、对物质和能力在生态农业系统中进程多层转化；二是经济活动的环境成本问题，社会成本作为经济活动的外部效果，可持续发展理论将社会成本的考量转为生产单位对外部效果承担经济责任，从而实现有效的价格机制和环境监测机制。

第四，可持续发展与社会。在人口资源方面，人口数量与粮食问题、城市化导致的农业人口过剩、人口素质和社会结构完善、人口老化的养老保障、社会分工和妇女问题、家庭结构和人口信息开发等问题都与可持续发展密切相关。此外，环境发展和自然灾害防治也与可持续发展相关。

第五，区域可持续发展。区域可持续发展产业是在经济增长中起到特殊作用的产业或部门，也是地区经济中起特殊作用的支持性产业。此类产业具有以下特点：一是产业规模较大，能够直接和间接地影响区域经济；二是产业规模增长迅速；三是增长效应能够在相关产业部门间传递分散，即具有同其他产业部门的高强度投入产出关系；四是创新能力强或具备核心创新能力。

综合上述五个方面可以看出，可持续发展理论具有以下特点：首先，可持续发展是在提高科技水平的基础上，社会整体经济结构的发展；其次，建立可持续发展体系的关键是高技术经济的创新和技术支撑体系的建立，因此应当着力发展资源节约型技术和环境监测手段；再次，区域环境、资源和社会的协调问题是国家可持续发展战略的首要问题，也是全球可持续发展体系建立的基本单元；最后，企业作为经济体系的基本构成单元，在内部结构和运行机制方面逐步向可持续发展方向转变，特别是科技创新在可持续发展战略中的地位日益重要。

第三节　本章小结

目前，虽然制造业转型升级的概念学术界还没有形成统一的定义，但对其内涵已有明确的共识。无论是产品还是价值链等层面的转型升级，都意味着劳动密集型向资本或技术密集型转变的过程，因此本书研究的制造业转型升级为中观层面，即制造业内部劳动密集型向资本或技术密集型转变的过程，探究制造业内部低端要素如何向高端要素转型升级问题。其转型升级的过程表现为技术创新要素投入效率的提升，技术水平集约化。在要素层面，较高的技术投入产出效率是制造业转型升级的重要特征。

技术创新的成果被应用到生产实践中并创造出经济价值才算完成技术创新过程，因此技术创新并不仅限于对产品的创新，更重要的是对其商业化和产业化的行为。本书所探讨的 FDI 技术溢出效应是指，在对东道国进行直接投资的过程中，跨国企业通过某些非自愿的途径，将自身的经营理念、生产技术和管理经验渗透到东道国的本地企业中，起到促进东道国本地企业技术水平提高的效果，进而推动东道国内资部门的经济增长，表现为经济外部性。

制造业转型升级理论基础为工业化阶段理论、产业结构演进理论和可持续发展理论。代表性的工业化阶段理论是钱纳里的工业化六阶段理论：第一阶段称为“不发达经济阶段”，这一时期的产业结构较为单一，以农业支撑产业结构，生产力水平较低，对经济发展起主要作用的制造业，如食品、纺织等行业极少；第二阶段是工业化初期阶段，这一时期的特点是劳动密集型产业占据主导地位，是由农业主导向劳动密集型产业为主的工业化结构变革；第三阶段是工业化中期阶段，在此阶段第三产业得到迅速发展，制造业内部结构开始由轻工业的快速增长转向重工业的快速增长，也可以看作重工业化阶段，大规模的重工业发展开始成为推动经济增长的关键因素，资本密集型产业占据主体，非农业劳动力成为主导；第四阶段是工业化后期阶段，在前期第一、第二产业不断发展的基础上，这一时期发展最为突出的领域是第三产业；第五阶段是后工业化社会，即在生活方式更加现代化的同时，高档耐用消费品进一步普及，因此技术密集型产业得到迅速发展，制造业内部也由资本密集型产业转向技术密集型产业；第六阶段是现代化社会，在此阶段第三产业出现分化，由于市场中消费欲望的多样性，知识密集型产业从服务业中逐渐分离，并占据主导地位。

各国学者通过对产业结构演进规律的历史分析和实证研究，能够对三次产业结构演进的一般规律有所把握，其中具有代表性的当数配第一克拉克定理和库兹涅茨提出的产业结构演进规律。库兹涅茨研究了三次产业结构所影响的国民收入变化及比例关系，从研究结果能够看出，当工业化发展到一定程度时，工业部门吸纳劳动力的能力微乎其微，而服务部门在这一方面具有显著优势，他认为生产率作为衡量经济增长质量的重要指标，如果没有各部门经济份额的转换就无法实现人均产出的高速增长，因此结构的变化是生产力和经济增长的重要推动因素。

对可持续发展理论的研究，要求在转变发展模式的指导思想下，以产业演化理论为基础，借鉴现代经济学中经济成长阶段理论和可持续发展研究成果。其中罗斯托认为随着生产力水平的提高和科技水平的不断进步，过去主导产业的带动作用一旦完成必将出现主导产业的更替，这种旧的主导产业衰退和新主导产业的诞生过程就意味着产业结构的演进和动态发展。可持续发展理论特别强调科技创新在可持续发展战略中的地位。

第三章　我国制造业转型升级影响因素的作用机制

第一节　内部因素驱动制造业转型升级的方式

（一）通过动力转换推动制造业转型升级

技术创新是创新主体在研发投入及市场需求的引导下，对生产要素和技术进行革新的过程。由于划分角度的不同，技术创新可以分为多种类型：根据技术创新革新程度的差异，可分为渐进式创新和破坏式创新；按照创新的参与者构成，可分为独立创新、引进再创新和合作创新；按照创新对消费模式的影响，可分为连续创新、动态连续创新、非连续创新；按照创新能力，可以分为原始创新、集成创新和跟随创新。除上述分类外，技术本身具有生命周期的特点。从过程上看，新工艺和新设备的创新能够提升生产效率，使传统产业得以改造；从结果来看，技术创新所产生的创新产品可以开辟新的市场，促进新型产业蓬勃发展，进而优化产业结构。

1966 年美国经济学家施穆克勒（J. Schmookler）在其《发明和经济增长》一书中提出，技术创新与市场需求互相影响，是双向选择的过程。[①] 市场需求能够为产业实现技术持续创新提供经济基础，在制造业转型升级的复杂过程中，当产业发展出现不平衡的情况时，

① J. Schmookler. *Invention and Economic Growth*. Harvard University Press, 1966: 33 - 36.

就会出现创新势差，为了消除这种创新势差，企业就会通过加大创新投入等方式来满足创新需求。由此可以看出，技术创新推动粗放型驱动模式向集约型创新驱动模式转变，是制造业转型升级获得持续动力的关键。创新驱动是各种驱动发展阶段的高级形式，其最终的表现是技术水平的提高和生产效率的提高。创新也是转型升级的不竭动力，在制造业转型升级中扮演着十分重要的角色。因此未来我国经济的增长要更多地依靠技术创新和要素质量的提高，这将为我国制造业转型升级提供持续动力。

（二）通过提高要素质量推动转型升级

内生增长理论认为科研产出和人力资本存在较强的互补性。科研产出能够提高人力资本水平，而人力资本要素的质量也直接影响科研活动的效率。通过对新技术和新知识的学习，劳动者的素质得到提高并运用在生产过程中，通过技术的使用和模仿来增强创新能力，极大地促进了科研产出。

将知识、人才和制度等因素渗透到生产函数中，将其转化为现实的生产力，并通过新的技术、设备和工艺等创新成果来提高企业或部门技术能力，使生产要素发挥重要的作用。新的技术成果投入传统产业生产中，能够通过对新技术的应用和转化，促使传统产业突破技术瓶颈，降低产品对资源的过度依赖和消耗。同时，新的技术成果还能够降低产业的生产成本，促使产业由要素驱动转为创新驱动，推动原有产品和技术的更新换代，创造出高技术含量、高附加值的新产品。制造业转型升级的本质是通过提高生产要素质量并将创新成果实际应用到产业发展中，提高生产效率。与传统要素驱动相比，要素质量更加重视人才和知识的力量，主张通过技术创新来提高生产效率。提高要素质量不再是粗放式发展模式，而是依靠人才、技术和制度等新型要素来实现集约型发展的模式。

（三）通过优化产业结构推动转型升级

产业结构深受要素禀赋的影响，因为要素禀赋结构直接决定了产业的比较优势。要素禀赋生产具有比较优势的产品，随着劳动、资本等要素禀赋的变化，产业比较优势和产业结构也随之变化。[①] 资源禀赋状况决定技术创新能否顺利进行。从产业的生命周期理论能够看出，随着产业进入成熟的发展阶段，市场的需求会趋于饱和，原有产品的市场需求出现下降，这时为了谋求更长久的发展，就必须通过技术创新来改变生产要素的组合方式。当制造业中的主导产业与技术创新关联性不大时，就会被技术创新速率更快的新产业所替代，引起主导产业的更替变化；如果正好相反，主导产业与技术创新关联性强，它就具备持续发展潜力，能够吸收更多的新技术和科技创新成果，并应用到产业发展中，促进主导产业的多元化发展。新技术的出现往往会催生新的产业形式，但是对于进入成熟期的主导产业，技术创新方式转变为渐进式技术创新，产业的增长速率趋于平稳。另外，制造业中的主导产业通常具有较强的产业关联性，能够在技术创新推动产业结构变革的情况下，通过关联效应带动与之相关的产业加速技术创新，生产出满足产业需求的新产品。创新效率不高的关联性产业就会被新的产业所替代，从而促进制造业整体产业结构的升级。因此，无论是技术创新对主导产业发生多元化促进，还是出现替代原有主导产业的新产业，都会促进产业技术水平的提高。产业结构的变革和完善，既能促进主导产业持续向高技术水平发展，提高产业附加值，又能够通过主导产业的关联性，带动相关产业技术创新能力提升，从而推动制造业转型升级。

---

① Leamer, Edward E. "The Leontief Paradox, Reconsidered," *The Journal of Political Economy*, Vol. 1980 (3): 495 - 503.

第二节　外部因素对制造业转型升级的影响

（一）市场开放程度对制造业转型升级的影响

所有制结构能够衡量市场的开放程度，其结构的变化对制造业的影响是多方面的，合理的所有制结构能够优化配置资源。首先，调整所有制结构能促进经济发展，淘汰落后产业，推动技术的进步和革新，提高生产效率，从而适应经济发展需要，为新兴产业发展汇聚更多优势资源，以产业集群带动产业链发展。其次，充分利用行业内经济体的各类资源，以适应经济发展形势为目标，结合自身发展条件调整生产活动，以实现资源利用效率最大化，实现行业可持续发展。过去的经济发展历程表明，行业的跨越式发展往往离不开科技水平的重大突破，技术进步也是行业增长的关键所在，而调整和改进所有制结构，能够促进行业技术的变革和提升。

（二）FDI 对制造业转型升级的影响

经济全球化和生产要素的快速流动，导致 FDI 对一个国家的作用越来越大，研究 FDI 的成果也越来越多。学术界普遍认可的 FDI 溢出效应是按照生产方式分类的 FDI 所产生的垂直效应和水平效应，其中的垂直效应包括产业前向和后向的关联，而水平效应是从竞争、人员流动、示范等方面发生作用。FDI 通过技术转移和技术溢出效应对制造业的转型升级产生影响。

1. FDI 通过技术转移对制造业转型升级产生的影响

技术作为一种实用性强的知识，具有明显的公共产品属性，即技术具有外部性和非竞争性，但同时技术也具有隐含、非具体的私人属性，即技术对于企业而言虽然属于知识范畴，但其具有累计的特点，并且价值越高的技术往往隐含性越强，很难通过具体的形式表现出来。技术转移是 FDI 促进东道国企业技术进步的重要途径之一，它是指跨国公司将技术从母公司转移到子公司或东道国当地合作企业的过程。通过海外设立的子公司，跨国企业能够将技术转移给东道国企业，通过技术的售出、技术援助和合作开发等方式，提高东道国企业原有资源使用效率，加速企业技术水平提高，实现提升全要素生产率的目的。技术转移的发生往往存在两个动因：一是在法制建设不完备的情况下，东道国对知识产权的保护力度还远远不够；二是为了维护跨国公司在东道国市场中的竞争地位，获取更多的投资收益。因此，将先进的技术转移到东道国是推动生产率提高的直接推动力。但其中跨国公司的核心技术通常不太可能转移给东道国企业，全球 500 强公司仅有少数企业在东道国设立了研发中心。并且技术转移存在一个潜在的风险就是东道国企业容易形成路径依赖，降低东道国企业的自主创新意愿。

2. FDI 通过产业内的水平溢出效应对制造业转型升级产生的影响

技术溢出效应是推动东道国生产率提高的另一重要途径，与技术转移有所不同，技术溢出效应是指技术通过非主动的扩散，从跨国企业转移到东道国企业。水平溢出效应是同一行业内企业之间的联系效应，可提高东道国企业全要素生产率，包括培训、示范和竞争效应。

培训效应也称为劳动力溢出效应，是指跨国公司进入东道国市场后，需要对从当地招募的企业人员进行培训，而当这些人员熟练掌握相关技能并去往东道国其他企业时，就会产生产业内的水平溢出效应。FDI 通过人员流动效应所产生的溢出，一方面是出于对供应链上下游企业满足其供应和生产的要求；另一方面也是由于竞争效应的存在，而导致东道国企业不得不提高人员的技术和管理水平。从人员培训的角度看，跨国公司往往比当地企业更具优势，从跨国公司跳槽到本土企业的技术人员，能够带来更先进的技术和管理经验。

示范效应也可以看作一种通过学习和模仿产生的溢出效应，马歇尔对学习和模仿也做过相应的描述，他认为从事相同技术工作的人能够彼此从对方那里获得巨大利益，行业内的秘密也在这种相互学习的关系中变得更加公开。Markusen 通过实证研究 FDI 的示范效应，认为技术溢出能够分为两种方式：一是通过向技术专家学习，能够更容易地成为熟练的技术工人；二是通过向他人学习，能够比自学产生更多的人力资本外溢。[①] 跨国公司进入东道国，为了更快地开辟市场、缩短企业空间距离，在最初的设立阶段需要派遣技术专家进行指导，这一过程就会对东道国企业产生强烈的示范效应，通过学习和模仿生产技术、要素组合方式等，使得先进的生产技术传播到东道国，从而推动产业转型升级。

竞争效应是指跨国企业进入东道国后，使得东道国的市场竞争更加激烈，为了在市场中占有优势地位，东道国企业在技术和管理等方面有所提高，提升企业整体的生产效率。因此，通过 FDI 的竞争效应所产生的技术溢出，可以看作一种间接的溢出效应。1971 年 Caves 在《跨国公司：对外投资的产业经济学》中提出跨国企业与东道国企业间的竞争，能更有效地促使本土企业改进技术和管理水平。[②] 竞争效应产生的技术溢出效果受两方面影响：一是“X 非效率”，即企业的实际产出与理论产出的差额，当东道国企业受跨国公司影响，提高自身生产效率时，就会使得东道国企业加快内部资源配置的优化，降低生产成本，进而降低“X 非效率”。二是当 FDI 在东道国集聚到一定程度时，会产生集聚效应，也就是集群内的企业都增加了获利机会，但同时对东道国其他企业也会产生挤出效应，使得竞争能力差的企业失去市场份额。因此，竞争效应所产生的技

① Markusen, James R. , and Anthony J. Venables. “Foreign Direct Investment as a Catalyst for Industrial Development,” *European Economic Review*, 1999, 43 (2): 335 - 356.

② Caves R. E. “International Corporations: the Indusrial Economics of foreign Investment,” *Economics*. 1971, 38: 1 - 27.

术溢出，往往是两个方面共同作用的结果。

3. FDI通过产业间的垂直溢出效应对制造业转型升级产生的作用

垂直效应是一种产业间的关联效应，是由某个产业发展而引起的其他相关产业随之发展的效果。与水平效应不同，FDI 的垂直溢出效应是通过产业间的前向和后向关联而产生的，是不同行业企业之间的联系，涉及产品流通。跨国公司与东道国企业发生产业链上的纵向联系，在这一过程中，东道国企业就有机会从跨国公司那里学到更先进的技术和管理经验，从而产生溢出效应。

根据企业在产业链上所处的不同位置，产业间的垂直效应可以分为前向关联和后向关联。其中前向关联是指跨国企业向产业链的下游企业提供中间产品而产生的溢出效应，这是由于跨国公司所提供的中间产品具有更高的质量，为下游的东道国本土企业提供了更优质的生产资源，从而提高企业产品质量水平。后向关联是跨国企业向产业链上游企业购买生产资料而产生的溢出效应。为了降低企业的生产成本，跨国公司往往会在东道国本土采购生产资料，而为了获取更高质量的生产资源，跨国企业就需要对上游的本土企业提供相关的技术指导，这一过程能够使本土企业提高技术水平。产业间前向和后向关联所产生的垂直溢出效应使得 FDI 溢出效应的覆盖范围更广，能够为制造业企业带来先进技术和生产资源，对制造业企业转型升级有积极的促进作用。

（三）对外开放对制造业转型升级的影响

衡量经济对外开放水平的重要指标是经济外向度，学术界一般认为进出口贸易和外商投资情况能够反映一个行业的经济外向度。在进出口贸易方面，为了迎合不断变化的国际市场需求，需要进一步提高产品的技术化和精细化程度，使我国产品质量和生产技术进一步提高，促进制造业技术实力的提升。引进外资能够为东道国带来先进的技术和管理经验，通过溢出效应能够促进产业间资源的良性互动。但也有学者提出反对，认为引进外资破坏了本土企业的自有发展路径，使其需要适应外资企业的新技术和管理模式，花费大量成本而结果却是未知数。观点虽然不同，但都从侧面证明了经济外向度的重要性。通过技术溢出效应，我国制造业能够获取产业转型升级所需要的高级生产要素、技术知识、管理经验等，从而推动产业转型升级。对外贸易和外商投资都会对制造业转型升级产生影响。当前，对外开放模式亟须破除资源锁定效应，协调好产业转型升级和对外开放之间的关系，建立新的对外开放模式来推动我国产业转型升级。

第三节　路径依赖性对制造业转型升级的双重作用

（一）路径依赖理论的提出

“路径依赖”（path dependence）的概念最早并不是出现在经济学界的。1957 年 Waddington 在研究物种演化和等级时发现，物种的进化除了受到基因序列的影响，还会在基因的随机演变和外部环境变化的情况下发生。[①] 在经济学领域，路径依赖的概念最早出现在对技术变迁的研究中，1975 年 David 首次将“路径依赖”概念纳入经济学的研究范畴之中，随后 David 和 Arthur 对路径依赖概念进行了解释。路径依赖被认为是在技术演进过程中，一种由小概率事件或偶然事件造成的持久性影响。[②] 1993 年，North 获得了当年的诺贝尔经济学奖，路径依赖理论开始在经济学界受到广泛关注。我国学者刘汉民认为，有关路径依赖的研究能够包含从个体到社会体系的整

① Waddington H. *The strategy of genes*. London：Cambridge University Press. 1957：25.

② David. Paul A. “Clio and the economics of QWERTY，” *American Economic Review*. 1985（75）：332.

个范畴。[①] 综合各方面的研究观点，经济学界研究路径依赖的核心可以归结为变革和创新的问题。

从概念出发，路径依赖理论在经济学中被概括为：由于过去经济发展路径的影响，现阶段经济发展产生了一种基于历史选择的结果。但受到不同研究领域和研究角度的影响，学术界对路径依赖理论的理解存在一定差异。部分学者认为路径依赖是指在历史作用下过去因素产生的影响，还有的学者认为路径依赖具有时间顺序，并且其形成过程具有不可预测性。如 Arthur 认为路径依赖在动态的经济过程中具有非普遍性的特点。[②] North 进一步提出，路径依赖是一种被过去制度框架束缚而发生的对制度发展路径的一种“锁定”，他认为路径依赖在初始发展阶段会有报酬递增，当这种路径阻碍生产力发展时，被报酬递增吸引的利益集团就会阻碍制度的变迁，使其被锁定在一条无效的发展轨道上；而当系统发展进入某一路径时，由于学习效应、历史作用和外部环境的影响，参与者会从主观主义的角度来强化这一发展路径。[③] 青木昌彦认为路径依赖是参与者认知能力导致的对旧制度结构的认同，使得旧的制度在制度重建后以新的形式得到延续，他更侧重于对路径依赖现象的解释。[④] Sydow 则提出路径依赖的运行机制，认为其是由个人偏好或偶然因素导致的事物发展进入自强化的阶段，他认为路径依赖是一个正反馈作用下的连续过程。[⑤]

---

① 刘汉民：《路径依赖理论研究综述》，《经济学动态》2003 年第 6 期，第 65 ~ 67 页。

② Arthur W. Brian, "Competing technologies, Increasing returns and lock - in by historical events," *Economic Journal*, 1989 (99): 116.

③ North. "The contribution of the new institutional economics to an understanding of the transition problem," *WIDER Annual lectures*, 1997 (1): 1 - 18.

④ 青木昌彦：《比较制度分析》，上海远东出版社，2001，第 36 ~ 56 页。

⑤ Jorg Sydow. "Organizational Path Dependence: Opening the Black Box," *Academy of Management Review*, 2009 (4): 689 - 709.

（二）路径依赖理论的深化

综观各国学者对路径依赖理论的不同解释，可见由于研究领域的差异，学术界对路径依赖理论的解释不尽相同，但就理论而言，学术界对路径依赖理论达成了三点共识。首先，路径依赖是一种过程，具有因果性的特点，并不是对某一个时间点的状态描述，作为一种发展状态，具有非遍历性的随机特点。其次，路径依赖性与历史独立性并不矛盾，路径依赖侧重研究结果是如何形成的，路径依赖的存在意味着有多重潜在的均衡结果，最终的结果则是由特定历史事件决定的；历史独立性是每个历史事件都具有的特征，无论在过程中存在多少可能和偶然因素的影响，其事件的结果只能是独一无二的。因此简单地说，路径依赖侧重研究事件的过程，注重探究其成因，而历史独立性则是对结果的判断。最后，路径依赖理论强调历史作用所产生的滞后性，当系统中的时间因素发生变化，历史事件本身具有的内在规律很可能对结果产生影响，因此路径依赖的形成具有可追溯性的特点。

综上所述，从学术界达成的共识能够看出，路径依赖存在滞后性的特点。因此，本书认为路径依赖的内涵是一种抽象的概念，是一种过程。由于历史因素和外部环境的影响，事物发展进入一种“惯性”轨道，即进入一定发展模式后就很难打破其发展路径，而在这一发展模式下不断地自我强化，至于这条路径是有效的或是非效率的则会产生两种不同的结果。新的发展模式出现时，路径依赖也很可能对新的发展模式产生滞后性影响。

（三）路径依赖性的双重作用

最早将路径依赖理论与技术创新相结合的是美国学者 David 和 Arthur，在其后的经济文献中，许多学者也指出技术创新是

“路径依赖”的，并对技术创新的路径依赖做出了定义，认为它是技术在发展过程中由历史因素所决定的未来技术变迁。[①] 其中的历史因素包括技术管理、制度规则、最初市场环境、消费者预期等，在这些因素的共同作用下，技术创新还会受到经济、社会和文化环境变化的影响，从而导致技术创新的路径依赖。需要说明的是，历史因素对技术创新的影响，既有对现有技术的收益递增，也存在非效率性技术对新技术应用产生的阻碍。因此路径依赖既有积极的促进作用也有消极的阻碍效果，如果技术的创新发展能够保持在一条有效的发展路径上，那么路径依赖就会通过技术创新对转型升级产生积极的推动作用；反之，如果技术创新被锁定在一条无效的发现路径上，就会阻碍转型发展。

制造业作为我国的传统产业，由于历史条件和外部因素影响，长期以来通过较低的劳动成本和大量的资源消耗实现产业的快速发展。但随着我国经济发展规模的扩大，资源要素的获取成本不断提高，制造业发展如果仍然依赖大量的资源消耗就会严重制约产业发展质量，使得制造业在劳动密集型粗放式发展模式下，对过去规模经济和沉淀成本带来的产业发展优势形成路径依赖，创新能力不足等因素导致制造业转型升级被“锁定”在一种非效率的发展路径中。因此，路径依赖对我国制造业转型升级具有双重作用：一是体制机制改革不断深化促使生产要素质量提高，技术创新能够保持在有效的发展路径上；二是传统的产业发展思维经过长时间的实践具有一定的“惯性”特点，从劳动密集型发展转型为技术集约式发展存在诸多障碍。

---

① David. Paul A. “Clio and the economics of QWERTY,” *American Economic Review*, 1985 (75): 332.

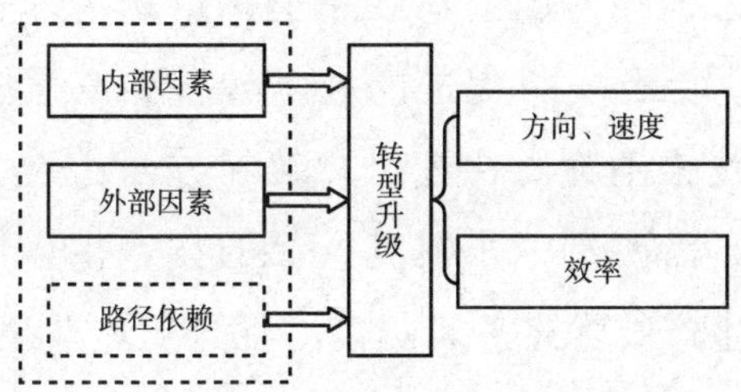

图 3-1　制造业转型升级的内、外部因素及路径依赖性

第四节　本章小结

1. 内部因素驱动制造业转型升级的作用方式

创新驱动是各种驱动发展阶段的高级形式，其最终的表现是技术水平和生产效率的提高，是转型升级的不竭动力，在制造业转型升级中扮演着十分重要的角色。未来我国制造业增长要更多地依靠技术创新和要素质量的提高，这将为我国制造业转型升级提供持续动力。与传统要素驱动相比，要素质量更加重视人才和知识的力量，通过技术创新来提高生产效率。提高要素质量不再是粗放式发展模式，而是依靠人才、技术和制度等新型要素来实现集约型发展的模式。人力资本的质量和资源禀赋状况决定技术创新是否能够顺利进行，从而对生产效率提高和产业结构优化升级具有重要作用。制造业转型升级的本质是通过提高生产要素质量，并将创新成果实际应用到产业发展中，从而提高生产效率。

2. 外部因素对制造业转型升级的影响

所有制结构能够衡量市场的开放程度，其结构的变化对制造业的影响是多方面的，合理的所有制结构能够优化资源配置。外资对一个国家的发展越来越重要，通过技术转移及溢出效应，影响东道国的生产效率及产业结构。技术转移的发生往往存在两个动因：一是在法制建设不完备的情况下，东道国对知识产权的保护力度还远远不够；二是为了维护跨国公司在东道国市场中的竞争地位，获取更多的投资收益。因此，将先进的技术转移到东道国是推动全要素生产率提高的直接推动力。在进出口贸易方面，为了迎合不断变化的国际市场需求，需要进一步提高产品的技术化和精细化程度，使我国产品质量和生产技术进一步提高，促进制造业技术实力的提升。

3. 路径依赖对我国制造业的双重作用

受历史条件和外部因素影响，我国的传统产业长期以来通过较低的劳动成本和大量的资源消耗实现产业的快速发展。今后，如果仍然依赖大量的资源消耗将会严重制约产业发展质量，使得制造业在劳动密集型粗放式发展模式下，对过去规模经济和沉淀成本带来的产业发展优势形成路径依赖，创新能力不足等因素导致转型升级被“锁定”在一种非效率的发展路径中。因此，路径依赖对我国制造业转型升级具有双重作用：一是体制机制改革不断深化促使生产要素质量提高，技术创新能够保持在有效的发展路径上；二是传统的产业发展思维经过长时间的实践具有一定的“惯性”特点，从劳动密集型发展转型为技术集约式发展存在诸多障碍。

第四章　我国制造业转型升级的现实基础

第一节　“新常态”下我国产业转型升级的背景

（一）资源环境约束不断增强，产业转型升级压力增大

随着世界经济的复苏，对资源的需求将不断加大，能源供给压力仍然存在，这会对资源依赖性较强的我国制造业发展形成约束。目前我国工业化进程不断加速，我国制造业面临的最大问题就是资源和环境的压力，我国制造业造成的环境污染十分严重，如二氧化碳、二氧化硫和氮氧化物排放量的绝大部分来自燃煤。这意味着在低碳技术落后的情况下，我国将不得不选择更为清洁、更为节约，但成本高昂的发展路径。制造业的发展会对能源形成巨大的需求，资源环境带来的约束很大。如果不加快制造业转型升级，制造业发展的能源需求无法得到满足，我国制造业节能减排压力势必会对产业的发展形成制约。

（二）高速增长转为中高速增长，产业转型升级获得空间

“新常态”成为我国经济发展的阶段性特征，认识新常态下的新趋势，对于适应新常态、把握经济发展主动权具有重要意义。“新常态”含义丰富，但在经济方面有三个突出的特点，即经济增速换挡、创新驱动、消费需求逐步成为需求主体。随着城乡居民收入水平的

提高，消费结构不断升级，面对外需乏力、投资过高的双重压力，内需将是我国未来经济发展的主要动力。经济“新常态”下，产业转型升级如何适应消费结构的变化，为我国产业转型升级调整赋予新的使命；如何认识并把握我国产业结构调整趋势，为产业结构调整留下较大的政策选择和行动空间。

（三）要素驱动转为创新驱动，为产业转型升级提供动力

过去我国经济的高速增长是建立在粗放型增长模式基础上的，依靠资源的大量投入、生产要素的低成本和技术的模仿。这种粗放型的增长模式给我国资源和环境带来了一系列问题，因此未来我国经济的增长要更多地依靠技术创新，通过技术创新来实现可持续发展，解决环境治理问题。2008 年世界金融危机以后，世界经济增速普遍下降，西方发达国家都抓紧时机进行技术创新，进行产业结构调整，以便找到一条重振经济的新途径。美国、欧盟等发达国家和地区都相继出台了各种战略措施来重塑制造业竞争新优势，如英国推出了“重振制造业战略”，美国颁布《美国制造业促进法》，德国通过《高科技战略 2020》，日本发布了《制造业白皮书》，德国政府提出“工业 4.0”战略，都指出制造业会面临严峻的挑战，也将由此引发新一轮工业革命。我国作为制造业大国，由于缺乏核心技术，制造业大而不强，与发达国家相比，目前我国创新能力不足，科技对我国经济增长的贡献还不高。

（四）消费需求逐步成为主体，为化解产能过剩提供有效途径

金融危机以来，我国外部需求乏力、投资过高，导致部分行业生产能力过剩。目前，我国的固定资产投资占 GDP 的比重为 60% 左右，已经远远超过其他国家经济起飞阶段的投资率水平。国际经验证明，单纯依靠投资推动的经济增长不具备可持续性，投资率或迟或早总要降下来。从中国经济发展的实际来看，投资率过高，不仅

使生产能力过剩、投资利用率下降，导致回报率过低，而且对扩大消费需求、实现经济长期健康稳定增长也可能造成影响。改革开放以来，我国居民收入有了较大的提高，居民的消费偏好会诱导资源的流向，消费需求逐步成为经济增长的主体，进而影响企业的生产行为和产业结构，从而在根源上缓解产能过剩和结构失衡问题。对于企业而言，重视并了解消费者的需求变化趋势，能够根据这些变化及时调整产品结构。

第二节 我国产业结构调整现状

（一）服务业占比超过工业，三次产业结构进一步演进

近年来发展势头迅猛的服务业在2013年迎来了重大转折——对我国GDP增长的贡献首次超过工业且占比近半。2013年我国第一产业增加值比重为10.0%，而第三产业比重比上年增长了1.5个百分点，达到46.1%，高于第二产业比重2.2个百分点。未来，我国服务业占比将进一步提高，产业结构逐渐由工业拉动经济向第三产业和工业共同拉动转变。从产业结构演进看，我国产业结构进一步优化，农业产业增加值比重在下降，非农产业增加值在上升，2000～2017年，农业产业增加值比重从15.1%下降到7.9%，而非农产业增加值比重从84.9%上升到92.1%。在三次产业结构调整过程中，第一产业增加值比重下降较快，第二产业增加值比重下降较快，而第三产业增加值比重上升很快。2000～2017年，第一产业增加值比重从15.1%下降到7.9%，下降了7.2个百分点；第二产业增加值比重从45.9%下降到40.5%，下降了5.4个百分点；而第三产业增加值比重从39.0%上升到51.6%，上升了12.6个百分点。在第二产业中，工业增加值比重从40.1%下降到33.9%，下降了6.2个百分点（见图4－1）。

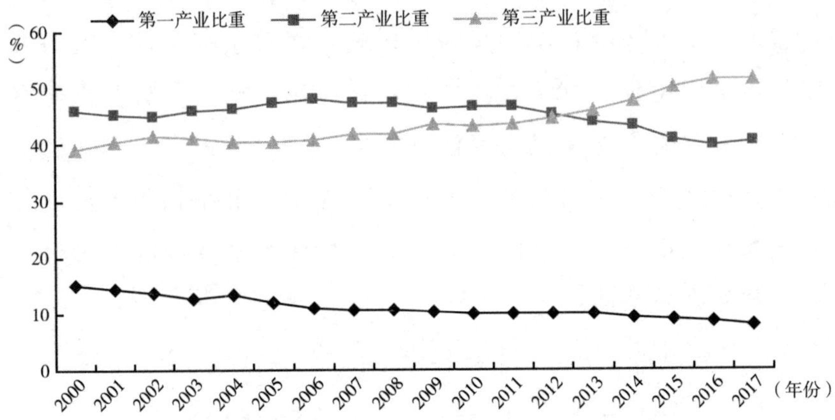

图 4-1 我国三次产业结构演进（2000~2017 年）

（二）高技术产业比重上升，制造业结构不断优化

高技术产业是技术创新的引擎，是产业结构优化升级的内在动力，其对提高生产效率，减少资源浪费，改造提升传统产业，优化产业结构具有重要作用。近年来，随着我国产业调整步伐的加快，高技术产业快速增长，带动制造业结构优化的作用显现。高技术产业增速不但超过 GDP 增速，而且还高于规模以上工业增速。工业与信息化部的数据显示，2017 年全国规模以上高技术制造业增加值增速为 13.4%，比规模以上工业增速高 6.8 个百分点，比 GDP 增速高 6.5 个百分点。从高技术产业生产经营指标占制造业比重变化来看，高技术产业在制造业中的地位不断提升，制造业结构也在不断优化。2000~2015 年，高技术产业的企业数量占比从 6.58% 上升到 7.73%，年均增长 0.08 个百分点；从业人员年平均人数占比从 8.47% 上升到 13.85%，年均增长 0.36 个百分点；出口交货值占比从 23.93% 上升到 43.89%，年均增长 1.33 个百分点。

（三）外资企业占比下降，内资企业占比上升

按照企业登记注册类型分，规上工业分为内资企业和外资企业。随着我国经济的快速发展，外资企业发挥了重要的作用，但是2008年以来，外资企业主营业务收入占全行业比重下降。同时随着我国产业转型升级的推进，内资企业占全行业比重上升，其对国民经济发展的作用越来越大。2000年内资企业主营业务收入是外资的2.73倍，而2017年上升到3.58倍。2000～2008年，外资企业比重从26.79%上升到29.32%，上升了2.53个百分点，内资企业比重从73.21%下降到70.68%，下降了2.53个百分点；而在2009～2017年，外企企业比重从27.70%下降到21.85%，下降了5.85个百分点，内资企业比重从72.30%上升到78.15%，上升了5.85个百分点（见图4－2）。

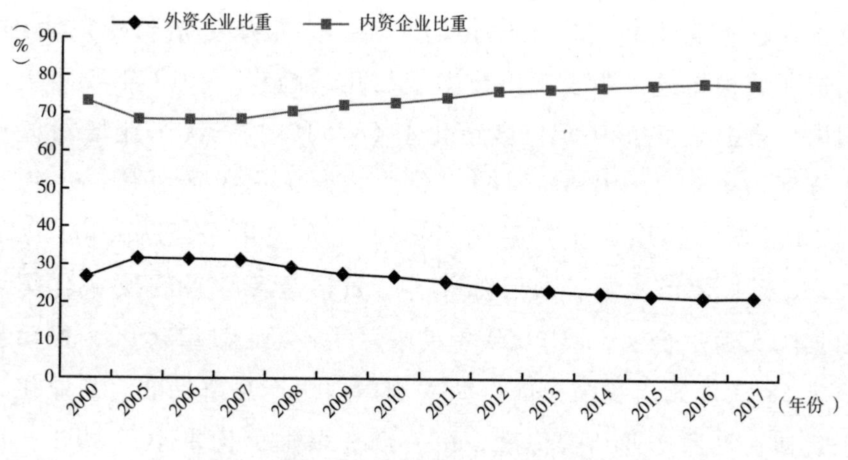

图4－2　内、外资企业比重（2000～2017年）

（四）现代服务业比重逐步上升，服务业结构转型加快

在服务业快速发展的过程中，其内部结构出现了变化，表现为传统服务业比重下降，以生产性服务业为代表的现代服务业比重上

升。2005～2016年，传统服务业增加值比重出现了下滑的迹象，例如，交通运输、仓储和邮政业比重由14.41%下降到8.62%，住宿餐饮业下降幅度不大，从5.67%下降到3.48%。2005～2016年，现代服务业增加值比重逐步上升，如租赁和商务服务业比重从4.18%上升到5.08%，科学研究和技术服务业比重从2.72%上升到3.81%，金融业比重从8.1%上升到15.94%，房地产业比重从11.40%上升到12.57%。

第三节　我国工业化进程判断及其转型升级方向

(一)工业化处于中期向后期过渡阶段,制造业结构将向技术集约化转变

按照钱纳里的工业化阶段理论，我国处于工业化中期的后半段，在重工业化和高加工度化的基础上，粗放型增长难以为继，制造业结构将进一步表现出技术集约化的趋势。2017年我国人均国内生产总值59660元，城镇化率58.52%，三次产业增加值比重分别为7.9%、40.5%、51.6%。按照国内生产总值，先将我国2017年人均国内生产总值59660元人民币平减为2004年的18236元人民币，然后参照陈佳贵、黄群慧等学者的换算过程[①]，根据购买力平价法，将2004年的地区生产总值18236元人民币折算为5863美元。我国当前按照人均国内生产总值标准，工业化处于后期；按照产业结构标准，第一产业增加值比重小于10%，第三产业增加值比重大于第二产业增加值比重，处于后工业化阶段；按照城镇化率标准，处于工业化中期的后半段。综合考虑，我国工业进程处于中期向后期的过渡阶段。具体工业化标准参照表

① 陈佳贵、黄群慧等：《中国地区工业化进程的综合评价与特征分析》，《经济研究》2005年第6期，第4～15页。

4－1。在发达国家重新重视实体经济的发展，相继提出重振制造业发展的战略，谋求塑造新的竞争优势的国际环境下，推动我国制造业结构由重工业化、高加工化向技术集约化转变，培育发展高端装备制造业，既是顺应产业结构调整趋势和抢占发展制高点的迫切需要，也是转变经济发展方式，推进产业结构转型升级的内在要求。

表4－1　工业化不同阶段的标准值

基本指标	前工业化阶段	工业化实现阶段			后工业化阶段
		工业化初期	工业化中期	工业化后期	
人均国内生产总值（美元）	720～1440	1440～2880	2880～5760	5760～10810	10810以上
三次产业结构	A >I	A >20%，且A <I	A >20%，且I >S	A <10%，且I >S	A <10%，且I <S
人口城镇化率	30%以下	30%～50%	50%～60%	60%～75%	75%以上

注：人均国内生产总值（2004年，美元），A、I、S分别代表第一、二、三产业比重，工业化不同阶段的标准值来源于陈佳贵、黄群慧等的计算。

（二）消费需求多样化，满足消费结构升级的现代服务业将快速发展

随着我国城乡居民收入水平的提高，居民消费进入快速升级期，模仿型排浪式消费阶段基本结束，多样化消费渐成主流，医疗保健、健康养老、旅游休闲、中介咨询等生活服务消费需求旺盛，为现代服务业快速发展提供了广阔的市场空间。以金融保险业、信息传输和计算机软件业、租赁和商务服务业、科研技术服务和地质勘查业、文化体育和娱乐业、房地产业及居民社区服务业等为代表的现代服务业，是伴随着信息技术和知识经济发展而产生的，由此将创造需求、引导消费，向社会提供高附加值、高层次、知识型的生活服务和生产服务的产业。由于工业化和专业化水平的相继提高，中间环

节投入产品的需求大幅增加，例如住宅、文教娱乐、医疗、社区服务、交通、金融保险、法律、信息咨询等，这些需求增加的同时，带动了相关的物流配送、金融、信息服务、法律、会计等生产性服务业的快速发展。现代服务业的创新发展已列入《国家中长期科学和技术发展规划纲要（2006—2020）》，而且全国许多城市也已出台现代服务业发展的相关规划。大力发展现代服务业，对于调整产业结构、转变经济发展方式意义重大。

（三）适应消费需求变化，落后产能面临淘汰

产业结构的调整往往受到多种因素的影响，而消费需求结构的变动则是其最根本动因。当前我国一些行业产能落后问题仍然突出，那么适应消费需求的发展变化趋势，优化投资结构、淘汰落后产能、化解产能过剩、破解结构性矛盾，促使消费结构和产业结构协调发展，将是产业结构调整的紧迫任务。加快淘汰落后产能是转变经济发展方式、增强经济增长可持续性、调整产业结构的重大举措，是加快节能减排、积极应对全球气候变化的迫切需要，是走中国特色新型工业化道路、实现工业由大变强的必然要求。加快产业转型升级、淘汰落后产能的相关政策也相继出台。2013 年，国务院常务会议通过了《节能减排“十二五”规划》，指出为确保实现“十二五”节能减排目标，要抑制高耗能、高排放行业过快增长，加快淘汰落后产能。2014 年，工业化与信息化部下达了《2014 年工业行业淘汰落后和过剩产能目标计划通知》，涉及的重点行业包括炼铁、炼钢、焦炭、铁合金、电石、电解铝、铜（含再生铜）冶炼、铅（含再生铅）冶炼、水泥（熟料及磨机）、平板玻璃、造纸、制革、印染、化纤、铅蓄电池等 15 个工业行业。“十三五”时期将继续减少无效供给，淘汰落后和过剩产能，工信部制定了淘汰落后和过剩产能目标，全国要淘汰落后煤电产能 2000 万千瓦。

（四）以科技提升作为引领，推动产业技术创新

在2008年的经济危机中，发达国家经济受到重创，其中虚拟经济过度膨胀、实体经济萧条萎靡的原因不容忽视。痛定思痛，在经济危机过后，发达国家对实体经济中的基础产业重新重视起来，重塑制造业竞争新优势的浪潮不断涌现，研发环节受到高度重视，试图以此提高全球竞争力。为了应对激烈的国际竞争和世界科技大发展的趋势，党的十八大报告明确提出要加快国家创新体系建设，其中的重要内容就是要实施创新驱动战略，并将创新驱动确定为加快转变经济发展方式的中心环节。通过自主创新充分发挥科技的引领和支撑作用。党的十八届三中全会进一步指出，深化科技体制改革是未来的发展方向，要充分发挥市场对技术创新的导向作用，在要素价格、路线选择、创新要素配置等方面健全技术研发的市场导向机制。

由此可见，我国制造业转型升级离不开技术创新，为了切实提高制造业发展水平和工业化进程，以科技创新为引领，推动我国制造业技术创新是制造业转型升级的发展方向。现阶段我国制造业在激烈的国际竞争中，仍处于产业链的中低端环节，核心技术和创新能力都需要进一步提高，因此需要集中优势资源，全面落实创新驱动战略，加快建设国家创新体系。首先，要关注国际科技发展前沿领域，把握创新发展趋势，积极引进先进技术，通过技术外溢等作用加强引进吸收再创新和集成创新，提升我国技术创新水平。其次，实施创新驱动战略还要充分发挥创新成果对产业的服务功能，将创新成果最大限度地应用于制造业转型升级，通过持续的创新发展来推动生产力进步，降低生产过程中的资源和劳动力消耗，着力改善生产条件并提高产品性能，打造产业的核心技术优势。最后，国家创新体系建设并非一蹴而就的，因此在现阶段需要整合有限资源，在核心技术和重点领域加大要素供给，对优势领域进行集中攻关，力求在核心技术上取得重大突破。

第四节　本章小结

“新常态”成为我国经济发展的阶段性特征，为我国产业转型升级赋予新的使命。高速增长转为中高速增长，为产业转型升级留下较大的政策选择和行动空间；要素驱动转为创新驱动，为产业转型升级提供动力；消费需求逐步成为主体，为化解产能过剩提供有效途径。

经济“新常态”下，我国产业调整步伐加快，呈现积极变化。随着我国制造业转型升级的推进，工业中内资企业比重上升，从2009年的72.3%上升到2017年的78.15%，其对国民经济的作用越来越大。按照钱纳里的工业化阶段理论，我国处于工业化中期向后期的过渡阶段。现阶段我国制造业在激烈的国际竞争中，仍处于产业链的中低端环节，核心技术和创新能力仍需要进一步提高。未来我国经济的增长要更多地依靠技术创新来实现可持续发展。

第五章　我国制造业转型升级方向和速度测度

制造业转型升级是劳动密集型向资本或技术密集型转变的过程，在结构演进过程中，方向和速度能反映转型升级的动态性。转型升级方向通常采用产业结构超前系数来描述。[①] Kaldor[②] 和 Kuznets[③] 认为，劳动力会向生产效率高的部门转移，他们采用劳动力在各个产业间的转移来测度转型升级速度。为更好地反映动态性特征，More 值被引入转型升级速度分析中[④]，Aleksandra 采用 Lilien 指数深化了转型升级速度测度分析[⑤]。近年来，国内学者谭晶荣等[⑥]和马洪福等[⑦]借鉴上述分析方法，对长三角地区城市的三次产业转型升级进行了测度。

---

① 高燕：《产业升级的测定及制约因素分析》，《统计研究》2006 年第 4 期，第 47 ~ 49 页。

② Kaldor N. "Capital Accumulation and Economic Growth" //FRIEDRICH A LUTZ, DOUGLAS C HAGUE. *The Theory of Capital.* New York: St. Martin's Press, 1961: 177 - 222.

③ Kuznets Simon. "Modern Economic Growth: Findings and Reflections," *American Economic Review*, 1973, 63 (3): 829 - 846.

④ 靖学青：《上海产业升级测度及评析》，《上海经济研究》2008 年第 6 期，第 53 ~ 55 页。

⑤ Aleksandra Partake, "Economic Growth, Structural Change and Quality Upgrading in New Member States," *EIBURS Project*, *European Investment Bank Working Paper*, 2009.

⑥ 谭晶荣、闫敏霞等：《产业转型升级水平测度及劳动生产率影响因素估测——以长三角地区 16 个城市为例》，《商业经济与管理》2012 年第 5 期，第 73 ~ 76 页。

⑦ 马洪福、郝寿义：《产业转型升级水平测度及劳动生产率的影响——以长江中游城市群 26 个城市为例》，《经济地理》2017 年第 10 期，第 117 ~ 119 页。

第一节　转型升级测度模型

（一）转型升级方向测度模型

在产业转型升级过程中，与经济系统发展趋势相比，产业结构超前系数能较好地测度方向变动情况。产业结构超前系数公式为：

$$E_i = A_i + (A_i - 1)/R_i \tag{5.1}$$

公式（5.1）中，A_i 为 i 产业报告期比重与基期比重的比值，R_i 为同期经济系统的平均增速，E_i 为 i 产业结构超前系数。当 E_i 值大于 1 时，i 产业超前于经济系统发展；当 E_i 值小于 1 时，i 产业滞后于经济系统发展。根据中观层面的制造业转型升级概念，在制造业内部劳动密集型向资本或技术密集型转变的过程中，通过测度制造业结构增长相对于整个经济系统增长趋势的超前程度来反映制造业转型升级方向。

（二）转型升级速度测度模型

1. Lilien 指数模型

Kaldor[①] 和 Kuznets[②] 认为在生产率的驱使下，劳动力将从生产效率低的部门转移到生产效率高的部门。因此，本书采用 Lilien 指数模型[③]来测度我国制造业转型升级速度。Lilien 指数公式

---

① Kaldor N. "Capital Accumulation and Economic Growth" //FRIEDRICH A LUTZ, DOUGLAS C HAGUE. *The Theory of Capital*. New York: St. Martin's Press, 1961: 177－222.

② Kuznets Simon. "Modern Economic Growth: Findings and Reflections," *American Economic Review*, 1973, 63 (3): 829－846.

③ Aleksandra Partake, "Economic Growth, Structural Change and Quality Upgrading in New Member States," *EIBURS Project*, *European Investment Bank Working Paper*, 2009.

如下：

$$\varphi_{jT} = \left[\sum_{i=1}^{n} \frac{EMP_{ijT}}{TEMP_{ijT}} (\Delta\log EMP_{ijT} - \Delta\log TEMP_{ijT})^2 \right]^{1/2} \quad (5.2)$$

公式（5.2）中，EMP、$TEMP$ 分别为行业的就业人数和总就业人数，i、j 分别为各个行业和省份。Lilien 指数值越大，意味着劳动力在 T 期行业间转移速度越快。

2. More 值测度模型

More 值测度了两个时期两组向量的夹角 α，能较好地体现产业结构的变化情况。More 值[①]计算公式如下：

$$M = \cos\alpha = \sum_{i=1}^{n} (W_{i0} \times W_{it}) / \left(\sum_{i=1}^{n} W_{i0}^2 \times \sum_{i=1}^{n} W_{it}^2 \right)^{1/2} \quad (5.3)$$

公式（5.3）中，产业分为 n 个部门，两个时期两组向量夹角的余弦值 $\cos\alpha$ 为 More 值，W_{i0}、W_{it} 分别为 i 产业在基期和报告期的比重。那么，夹角 α 公式为：

$$\alpha = \arccos M \quad (5.4)$$

α 值较小，表明产业结构变化较慢；α 值较大，表明产业结构变化较快。此外，产业结构平均变动值也能反映产业结构的变化情况，其公式为[②]：

$$k = \sum_{i=1}^{n} |q_{it} - q_{i0}| / t \quad (5.5)$$

公式（5.5）中，q_{i0}、q_{it} 分别为基期和报告期的构成比例，n 和 t 分别为产业门类数和跨期年度，k 为产业结构变动值。

---

① 靖学青：《上海产业升级测度及评析》，《上海经济研究》2008 年第 6 期，第 53～55 页。

② 高燕：《产业升级的测定及制约因素分析》，《统计研究》2006 年第 4 期，第 47～49 页。

第二节　我国制造业转型升级方向测度结果

在制造业转型升级的过程中，其内部会发生结构性的变化，其行业结构由低级向高级演变，各个行业在生产规模上的占比关系会发生变化。本章以制造业内部行业结构为视角，探析制造业转型升级方向的动态性特征。为能更好地刻画我国制造业内部行业结构的变动情况，根据生产要素投入密集程度，制造业可划分为三大类，即劳动密集型（LI）行业、资本密集型（CI）行业和技术密集型（TI）行业[①]。其中劳动密集型行业的划分借鉴李耀新[②]的分类方法，对资本密集型行业的划分参考了张军等[③]的分类方法，对技术密集型行业的划分参考了《中国高技术产业统计年鉴》中的分类方法。从生产要素角度对制造业进行划分有利于把握制造业发展规律和结构变动的方向，反映制造业结构的层次和高级化趋势，因此从这一角度进行研究符合制造业发展的客观规律性。制造业结构不断高级化，突出表现在劳动密集行业比重存在下降的趋势，而技术密集行业比重越来越高。

样本数据来源于历年的《中国工业统计年鉴》，为确保数据的获得性和连续性，我国各地区制造业数据不包含西藏。根据结构超前系数公式，测算结果见表 5 - 1。我国制造业转型升级方向特点

---

① 劳动密集型包括食品加工业、食品制造业、饮料制造业、烟草加工业、纺织业、服装及其他纤维制品制造业、皮革毛皮羽绒及其制品业、木材加工及木竹藤棕草制品业、家具制造业、造纸及纸制品业、印刷业和记录媒介的复制、文教体育用品制造业、橡胶制品业和塑料制品业；资本密集型包括石油加工炼焦及核燃料加工业、化学原料及化学制品制造业、化学纤维制造业、非金属矿物制品业、黑色金属冶炼及压延加工业、有色金属冶炼及压延加工业、金属制品业、通用设备制造业；技术密集型包括医药制造业、专用设备制造业、交通运输设备制造业、电气机械及器材制造业、通信设备计算机及其他电子设备制造业、仪器仪表及文化办公用机械制造业。

② 李耀新：《生产要素密集型产业论》，中国计划出版社，1995。

③ 张军、吴桂英、张吉鹏：《中国省级物资资本存量估算：1952 ~ 2000》，《经济研究》2004 年第 10 期，第 35 ~ 44 页。

如下。

1. 从时间维度上看，我国制造业内部技术密集型行业结构演进较快，而资本和劳动密集型行业结构演进相对较慢，说明我国正处于向工业化后期转变时期，但在不同时期，特点各异。2000～2017年多数省份制造业中技术密集型行业保持超前发展。2000～2008年制造业资本密集型行业结构超前发展，2009～2017年制造业劳动密集型行业和技术密集型行业均体现了超前发展的特点。

2000～2017年，总体而言，从行业结构超前系数测度结果看，相对于劳动密集型行业和资本密集型行业，技术密集型行业所占份额呈现上升趋势，但部分省份劳动、资本和技术密集型行业表现不尽相同。20个省份制造业技术密集型行业结构超前系数大于1；10个省份制造业资本密集型行业结构超前系数大于1；11个省份制造业劳动密集型行业结构超前系数大于1。

2000～2008年，总体上，制造业资本密集型行业呈现超前发展特点明显，但部分省份技术密集型行业和劳动密集型行业超前发展表现差别较大。7个省份制造业技术密集型行业结构超前系数大于1，呈超前发展趋势，即北京、内蒙古、上海、江苏、湖南、广东和广西；其余省份制造业内部技术密集型行业结构超前系数小于1。25个省份制造业资本密集型行业结构超前系数大于1；5个省份制造业劳动密集型行业结构超前系数大于1，即辽宁、吉林、黑龙江、福建、宁夏。

2009～2017年，技术密集型行业和劳动密集型行业呈现超前发展趋势，但部分省份劳动、资本和技术密集型行业表现差别较大。20个省份制造业技术密集型行业结构超前系数大于1；仅2个省份制造业资本密集型行业结构超前系数大于1，即山东、广西；26个省份制造业劳动密集型行业结构超前系数大于1。

表 5－1　2000～2017 年我国 30 个省份制造业行业结构超前系数

地区	T1＝2000～2008 年			T2＝2009～2017 年			Tall＝2000～2017 年		
	LI	CI	TI	LI	CI	TI	LI	CI	TI
北京	0.225	0.095	1.729	0.26	－4.823	3.736	－0.989	－4.944	5.204
天津	－3.044	3.33	0.056	14.959	0.008	－0.954	4.136	2.99	－1.486
河北	－3.172	3.76	－1.687	7.727	－1.688	5.693	－2.412	1.735	3.451
山西	－4.019	2.04	－1.189	11.069	－1.817	12.746	1.986	－0.676	9.47
内蒙古	－1.381	2.151	4.021	2.726	0.569	－1.192	－0.745	1.811	3.427
辽宁	4.618	0.449	0.807	0.686	－0.752	5.218	3.473	－0.996	5.016
吉林	7.605	1.918	－1.162	3.524	－0.92	0.965	10.094	－0.521	－0.491
黑龙江	3.105	0.466	0.103	10.872	－3.015	－4.591	14.334	－2.918	－3.526
上海	－0.928	0.737	1.723	5.332	－1.276	1.759	－1.138	－1.494	3.747
江苏	－1.84	1.2	2.782	1.714	－0.073	1.809	－3.144	0.242	4.971
浙江	－0.615	2.535	0.692	2.032	－0.284	1.83	－1.852	1.947	2.575
安徽	－1.865	3.259	0.688	4.4	－1.658	2.289	－1.61	0.523	3.965
福建	3.432	1.895	－1.195	5.514	0.494	－3.281	5.25	3.269	－3.376
江西	－0.742	3.257	－1.516	5.914	－1.649	3.082	1.432	0.741	1.116
山东	－0.449	3.194	－0.231	1.092	1.073	0.768	－2.093	4.084	0.602
河南	－0.874	2.819	－0.051	1.584	－1.455	6.661	－1.689	0.822	6.016
湖北	－0.617	2.372	0.651	6.672	－2.163	0.846	3.665	－0.393	0.625
湖南	－0.23	1.537	1.31	0.951	－1.092	4.831	－0.868	－0.77	7.262
广东	－0.006	1.4	1.096	5.916	－0.295	0.293	－0.099	0.989	1.334
广西	－0.679	1.586	2.151	－0.584	1.43	1.784	－2.549	1.098	5.532
海南	－2.944	13.647	－4.944	1.605	0.029	3.786	－3.264	13.252	－4.315
重庆	0.905	1.665	0.635	2.412	－2.737	2.809	－0.492	－1.716	2.923
四川	0.275	2.279	－0.015	1.49	－1.239	4.171	－0.014	0.671	2.396
贵州	－1.471	3.778	－1.466	4.609	－0.815	1.363	0.513	1.469	0.671
云南	－3.827	9.028	－0.343	4.483	－1.682	4.544	－2.319	5.173	4.857
陕西	－1.679	7.823	－2.046	6.341	0.359	－0.573	0.642	7.285	－2.68
甘肃	－2.102	2.273	－3.522	12.548	－0.918	4.542	4.225	0.582	－0.123
青海	0.863	1.323	－2.816	9.225	－0.851	16.248	12.275	－0.471	7.28
宁夏	2.985	0.654	0.348	5.74	－0.089	－0.894	7.716	－0.424	1.112
新疆	－2.233	2.229	0.113	7.08	－0.901	6.183	0.059	0.744	6.799

2. 区域间转型升级方向测度结果

（1）东部地区[①]转型升级方向测度结果

东部地区劳动密集型产业和技术密集型行业超前发展系数呈现上升，而资本密集型行业超前发展系数有所下降。但各个时期，行业结构变动特点不尽相同。从劳动密集型行业超前发展系数测度结果看，与2000～2008年相比，2009～2017年东部地区多个省份制造业劳动密集型行业结构超前系数有所上升，如天津、河北、上海、江苏、浙江、福建、山东、广东和海南。2000～2017年东部地区除天津、辽宁、福建外，其余省份劳动密集型行业结构超前系数小于1。具体见图5－1。从资本密集型行业结构超前系数测度结果看，与2000～2008年相比，2009～2017年东部地区全部省份的资本密集型行业结构超前系数都在降低。2000～2017年东部地区5个省份资本密集型行业结构超前系数小于1，即北京、辽宁、上海、江苏和广东。具体见图5－2。从技术密集型行业超

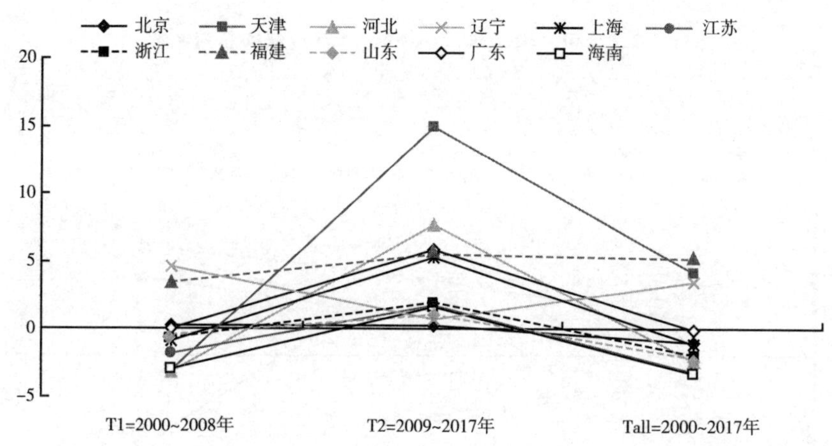

图5－1　2000～2017年东部地区LI行业结构超前系数

① 东部地区：包括北京、天津、河北、辽宁、上海、江苏、浙江、福建、山东、广东和海南；中部地区：包括山西、吉林、黑龙江、安徽、江西、河南、湖北和湖南；西部地区：包括内蒙古、广西、重庆、四川、贵州、云南、陕西、甘肃、青海、宁夏和新疆。

前系数测度结果看，与2000～2008年相比，2009～2017年6个省份技术密集型行业结构超前系数上升，即北京、河北、辽宁、上海、浙江、山东。2000～2017年7个省份技术密集型行业结构超前系数大于1，即北京、河北、辽宁、上海、江苏、浙江、山东。具体见图5－3。

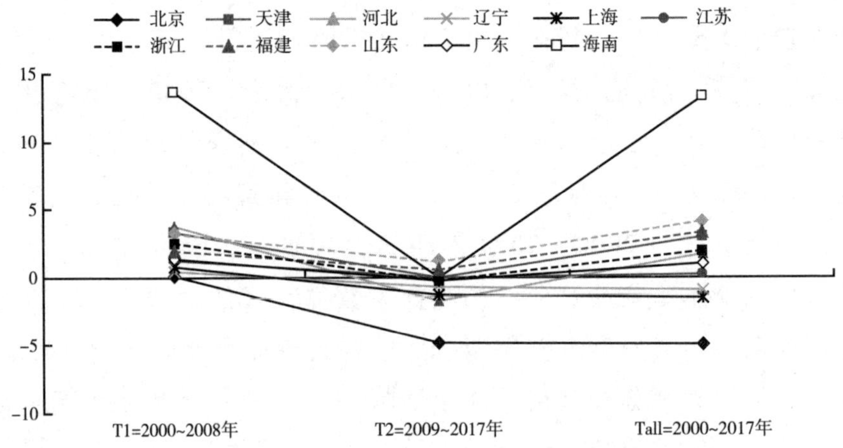

图5－2　2000～2017年东部地区CI行业结构超前系数

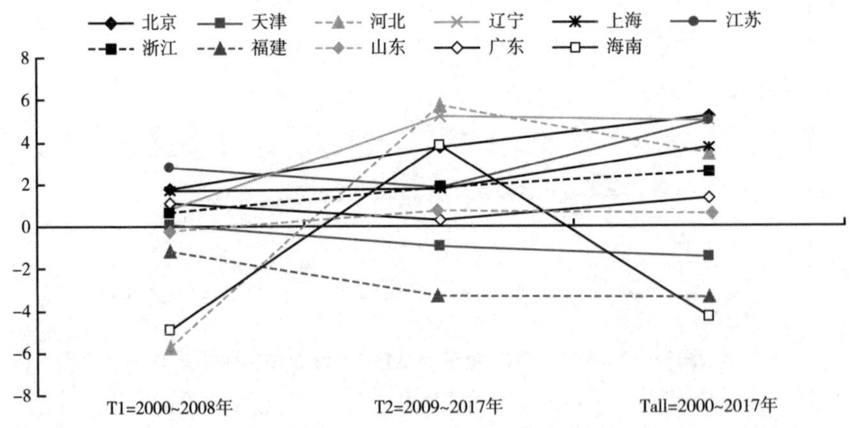

图5－3　2000～2017年东部地区TI行业结构超前系数

（2）中部地区制造业转型升级水平测度结果

中部地区技术密集型行业和劳动密集型行业均超前发展，其中技术密集型行业超前发展明显。但资本密集型行业滞后发展。从劳动密集型行业的测度结果看，我国中部多数省份结构超前系数表现为上升趋势。与2000～2008年相比，2009～2017年山西、黑龙江、安徽、江西、河南、湖北和湖南劳动密集型行业结构超前系数上升。2000～2017年吉林、黑龙江的劳动密集型行业结构超前系数较高。具体见图5－4。从资本密集型产业结构超前系数测度结果看，与2000～2008年相比，2009～2017年中部地区所有省份的资本密集型行业结构超前系数都有所下降。2000～2017年中部地区所有省份资本密集型行业结构超前系数小于1。具体见图5－5。从技术密集型行业结构超前系数测度结果看，与2000～2008年相比，2009～2017年除黑龙江外，其余省份技术密集型行业结构超前系数呈现上升。2000～2017年中部地区，除吉林、黑龙江、湖北外，其余省份技术密集型行业结构超前系数大于1。具体见图5－6。

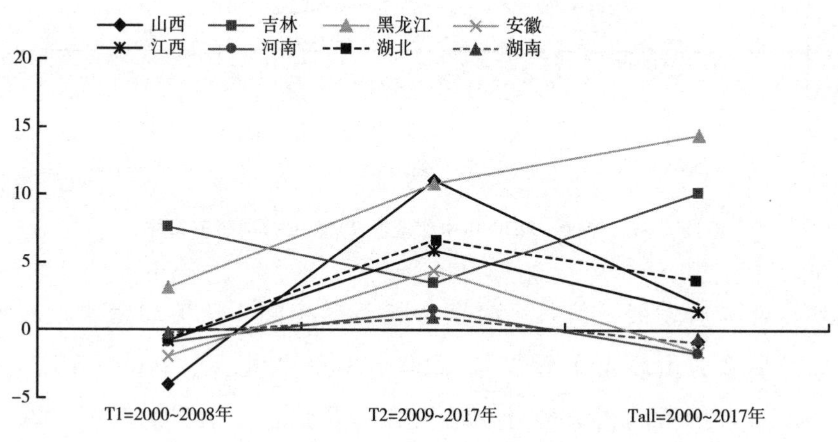

图5－4　2000～2017年中部地区LI产业结构超前系数

（3）西部地区制造业转型升级水平测度结果

西部地区劳动密集型行业和技术密集型行业超前发展，资本密

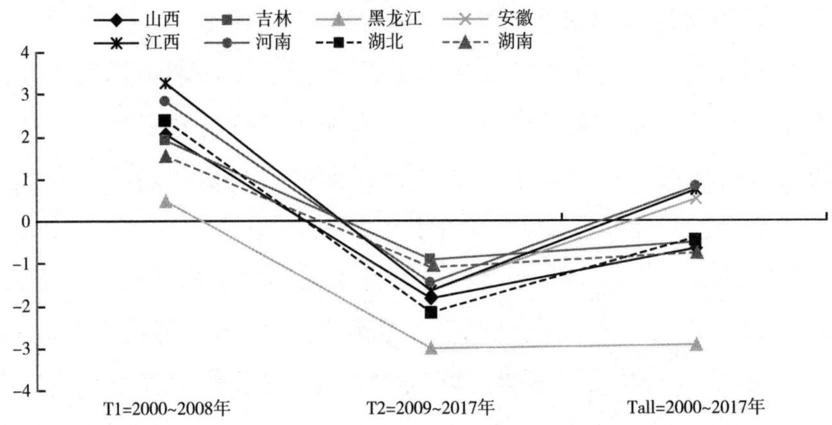

图 5-5　2000~2017 年中部地区 CI 产业结构超前系数

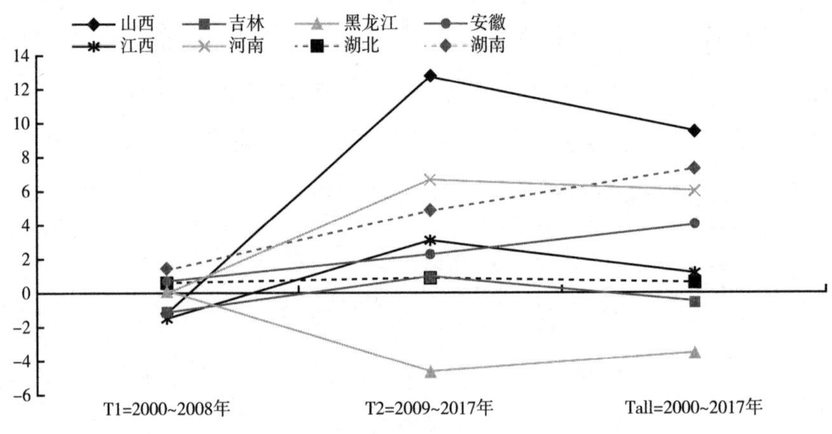

图 5-6　2000~2017 年中部地区 TI 产业结构超前系数

集型行业滞后发展，但各个时期特点不尽相同。从劳动密集型行业超前发展系数测度结果看，与 2000~2008 年相比，2009~2017 年西部所有省份劳动密集型行业结构超前系数呈现上升。2000~2017 年甘肃、青海、宁夏制造业劳动密集型行业结构超前系数大于 1。具体见图 5-7。从资本密集型行业超前发展系数测度结果看，与 2000~2008 年相比，2009~2017 年西部地区省份资本密集型行业结构超前系数全部下降。2000~2017 年西部地区 6 省份资本型密集型行业超前发展系数小于1。具体见图5－8。从技术密集型行业超前发展系数测度结果看，与2000～2008年相比，2009～2017年西部地区重庆、四川、贵州、云南、甘肃、青海、新疆、陕西技术密集型行业超前发展系数上升。2000～2017年内蒙古、广西、重庆、四川、云南、青海、宁夏、新疆技术密集型行业超前发展系数大于1。具体见图5－9。

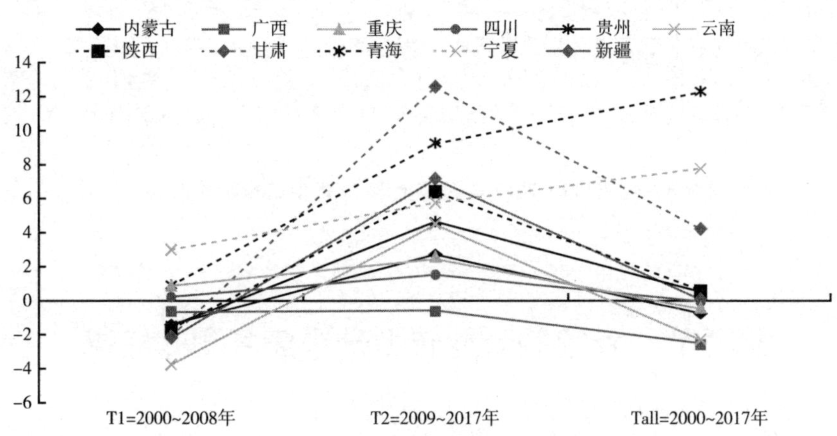

图5－7　2000～2017年西部地区LI行业结构超前系数

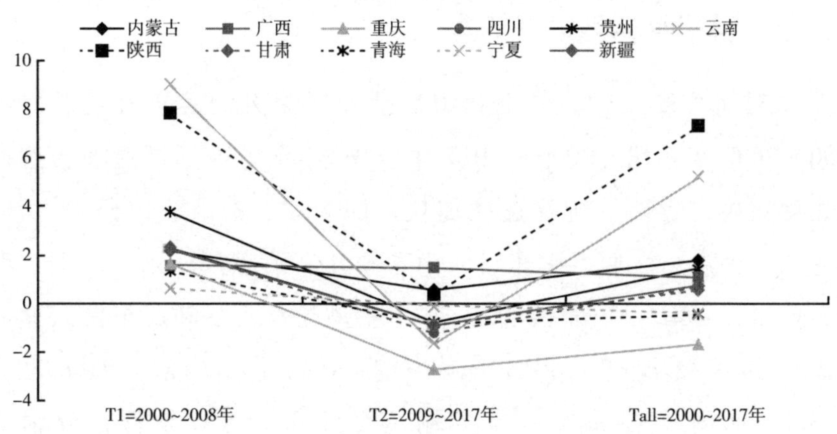

图5－8　2000～2017年西部地区CI行业结构超前系数

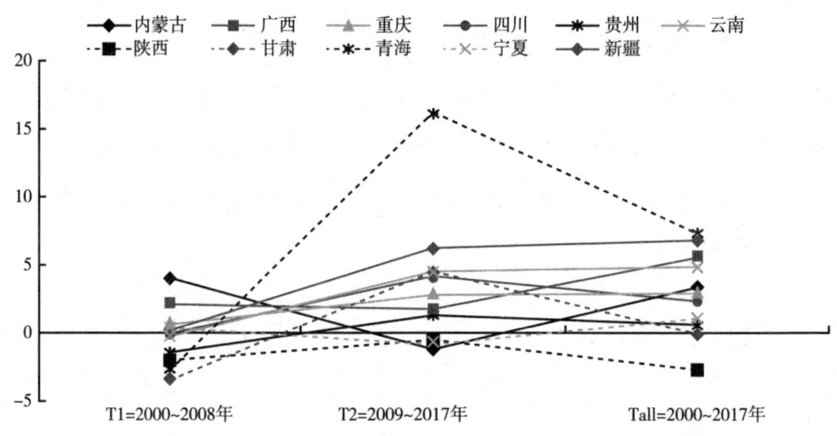

图 5-9　2000~2017 年西部地区 TI 行业结构超前系数

第三节　我国制造业转型升级速度测度结果

为更好地反映我国制造业转型升级动态性特征，本书采用 Lilien 指数和 More 值模型分别测度我国制造业转型升级速度。

（一）Lilien 指数测度结果

1. 时间维度上，总体上我国制造业转型升级速度在加快。与 2000~2008 年相比，2009~2017 年全国 17 个省份的制造业转型升级速度加快，劳动力转移速度加快，即天津、河北、山西、吉林、黑龙江、福建、江西、山东、河南、湖北、湖南、广东、广西、四川、贵州、云南、陕西。2000~2017 年福建、北京和广东制造业劳动力转移速度较高，Lilien 指数分别达到了 0.6157、0.5895 和 0.4362，而内蒙古和陕西省的制造业 Lilien 指数较低，分别为 0.0848 和 0.0529。具体参见表 5-2。

表 5－2　2000～2017 年我国制造业产业转型升级速度 Lilien 指数

地区	T1＝2000～2008 年	T2＝2009～2017 年	Tall＝2000～2017 年
北京	0. 3385	0. 2345	0. 5895
天津	0. 1253	0. 2213	0. 2609
河北	0. 0978	0. 2362	0. 193
山西	0. 1655	0. 1738	0. 3063
内蒙古	0. 1985	0. 1074	0. 0848
辽宁	0. 1825	0. 1167	0. 2672
吉林	0. 1603	0. 233	0. 4114
黑龙江	0. 1031	0. 3621	0. 4357
上海	0. 1521	0. 0993	0. 2549
江苏	0. 2767	0. 0566	0. 3257
浙江	0. 1535	0. 1277	0. 2826
安徽	0. 2255	0. 2011	0. 3672
福建	0. 2632	0. 3103	0. 6157
江西	0. 1391	0. 2182	0. 3775
山东	0. 0747	0. 094	0. 1512
河南	0. 0249	0. 2064	0. 2671
湖北	0. 1436	0. 17	0. 3282
湖南	0. 1383	0. 2335	0. 3886
广东	0. 2339	0. 272	0. 4362
广西	0. 1817	0. 2621	0. 4096
海南	0. 2142	0. 19	0. 3622
重庆	0. 2206	0. 206	0. 4112
四川	0. 1225	0. 2435	0. 367
贵州	0. 0899	0. 4549	0. 4269
云南	0. 1076	0. 307	0. 3212
陕西	0. 0327	0. 0956	0. 0529
甘肃	0. 1612	0. 0773	0. 2117
青海	0. 2123	0. 1457	0. 248
宁夏	0. 1651	0. 1182	0. 2176
新疆	0. 3317	0. 0413	0. 3335

2. 地区间制造业 Lilien 指数变化差异较大，变化特点也不尽相同。东部地区 Lilien 指数变化差异性较大。与 2000～2008 年相比，2009～2017 年东部地区中天津、河北、山东、福建和广东的 Lilien 指数上升，制造业劳动力转移速度加快，而北京、辽宁、上海、江苏、浙江和海南的 Lilien 指数下降，制造业劳动力转移速度减慢。2000～2017 年东部地区中福建的 Lilien 指数最高，而山东最低。具体参见图 5－10。中部地区制造业 Lilien 指数大体上呈现上升势头。与 2000～2008 年相比，除安徽外，2009～2017 年中部地区所有省份的 Lilien 指数都有所上升，制造业劳动力转移速度大大加速。2000～2017 年中部地区中黑龙江省的 Lilien 指数最高，而河南最低。具体参见图 5－11。西部地区中，区域间 Lilien 指数值变化差异较大。与 2000～2008 年相比，2009～2017 年西部地区中广西、四川、贵州、云南和陕西制造业内部劳动力转移速度加快，而内蒙古、重庆、青海、甘肃、宁夏和新疆制造业内部劳动力转移速度减慢，2000～2017 年贵州省 Lilien 指数最高，而陕西最低。具体参见图 5－12。

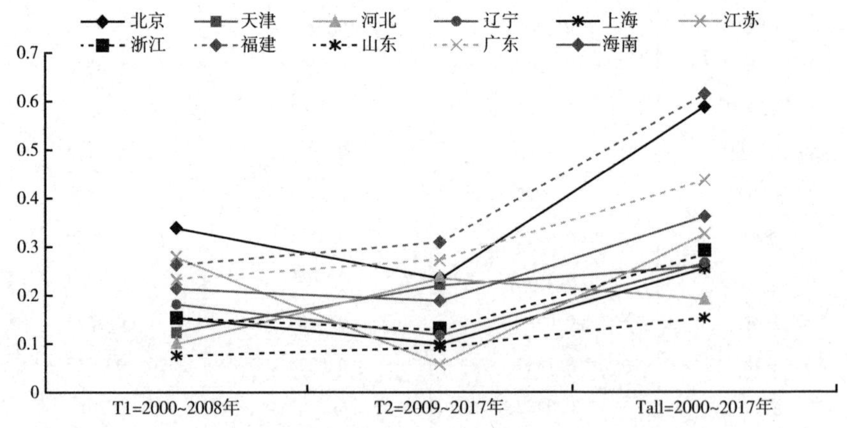

图 5－10 2000～2017 年东部地区制造业 Lilien 指数

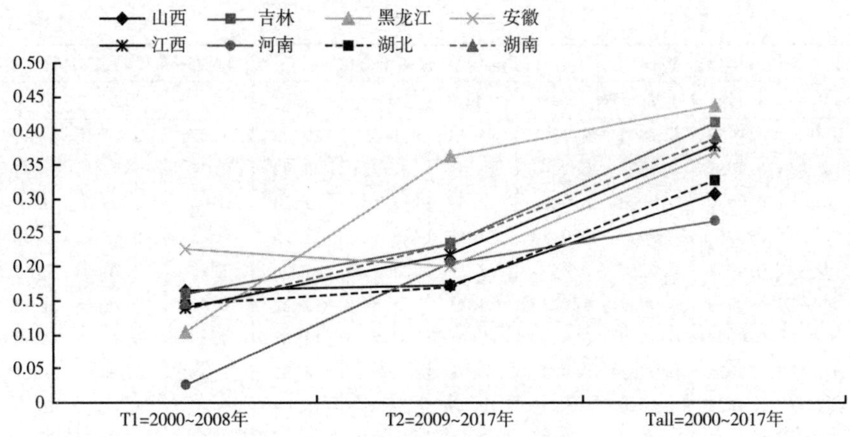

图 5－11　2000～2017 年中部地区制造业 Lilien 指数

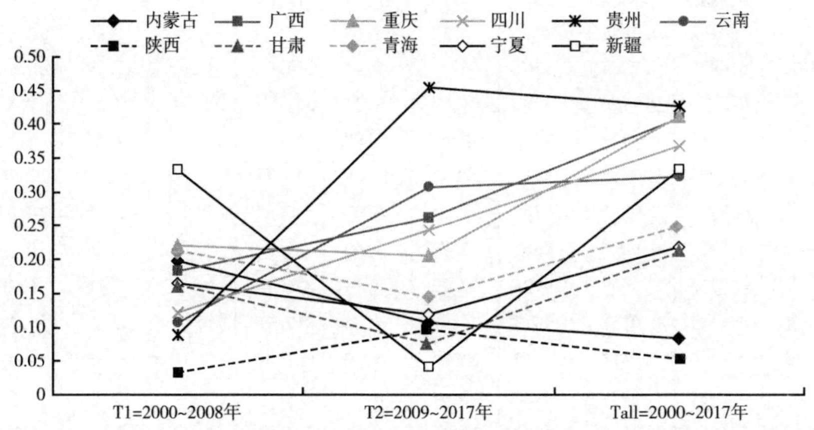

图 5－12　2000～2017 年西部地区制造业 Lilien 指数

（二）More 值测定结果

表 5－3　2000～2017 年我国制造业行业结构变化情况

地区	More 值			矢量夹角值（度）			行业结构年均变动值（%）		
	T1	T2	Tall	T1	T2	Tall	T1	T2	Tall
北京	0. 9976	0. 9818	0. 9412	3. 97	11. 23	19. 75	0. 94	3	1. 29
天津	0. 9867	0. 9938	0. 9798	9. 36	6. 4	11. 54	2. 21	1. 52	0. 78
河北	0. 9741	0. 9912	0. 9907	13. 07	7. 61	7. 82	3. 66	2. 06	0. 55

续表

地区	More 值			矢量夹角值(度)			行业结构年均变动值(%)		
	T1	T2	Tall	T1	T2	Tall	T1	T2	Tall
山西	0.9967	0.9804	0.9851	4.63	11.36	9.92	1.87	3.64	0.68
内蒙古	0.9881	0.9992	0.9947	8.84	2.22	5.93	2.07	0.52	0.43
辽宁	0.9979	0.9882	0.9808	3.69	8.83	11.24	0.94	2.03	0.76
吉林	0.976	0.9977	0.9783	12.58	3.91	11.95	2.85	0.81	0.81
黑龙江	0.9958	0.9287	0.8565	5.25	21.77	31.08	1.17	4.76	2.00
上海	0.9983	0.9954	0.9773	3.33	5.51	12.22	0.8	1.21	0.82
江苏	0.9905	0.9976	0.9727	7.91	3.97	13.41	1.59	0.88	0.90
浙江	0.9926	0.9953	0.9882	6.98	5.57	8.81	1.38	1.09	0.61
安徽	0.9825	0.9916	0.9847	10.73	7.41	10.04	2.14	1.41	0.69
福建	0.9829	0.9927	0.9453	10.62	6.91	19.04	2.16	1.39	1.25
江西	0.9822	0.9899	0.9998	10.84	8.15	1.24	2.62	1.91	0.14
山东	0.9869	0.9967	0.9742	9.29	4.67	13.03	1.97	0.98	0.88
河南	0.9878	0.9842	0.9816	8.97	10.19	11.01	1.98	2.23	0.75
湖北	0.9943	0.9846	0.9917	6.12	10.08	7.39	1.26	1.93	0.52
湖南	0.9979	0.9864	0.9701	3.7	9.44	14.05	0.8	1.99	0.94
广东	0.9996	0.9998	0.9995	1.68	1.2	1.77	0.39	0.31	0.17
广西	0.9947	0.9954	0.9745	5.9	5.49	12.97	1.26	1.18	0.87
海南	0.7939	0.998	0.8319	37.45	3.59	33.71	8.37	0.82	2.16
重庆	0.9991	0.9875	0.9868	2.39	9.06	9.34	0.5	2.26	0.65
四川	0.995	0.9885	0.9969	5.74	8.69	4.5	1.22	1.76	0.34
贵州	0.9755	0.9959	0.9993	12.72	5.18	2.14	3.08	1.18	0.20
云南	0.8547	0.9853	0.9513	31.27	9.85	17.96	6.6	2.3	1.18
陕西	0.9219	0.9975	0.9318	22.8	4.05	21.29	4.84	0.85	1.39
甘肃	0.9952	0.9938	0.9983	5.61	6.4	3.3	2.24	2.22	0.27
青海	0.9995	0.9938	0.9929	1.76	6.41	6.85	0.65	2.61	0.49
宁夏	0.999	0.9963	0.9883	2.59	4.91	8.79	0.75	1.29	0.61
新疆	0.9925	0.9942	0.9985	7.04	6.15	3.11	1.99	2.01	0.26

注：T1 = 2000 ~ 2008 年，T2 = 2009 ~ 2017 年，Tall = 2000 ~ 2017 年。

从表 5 - 3 中可以看出，各省份各时期 More 值都接近 1，其值变化不大，区别度不高，因此我们分析矢量夹角值和行业结构年均变动值来考量产业转型升级速度。

1. 矢量夹角值（度）测度结果

（1）时间维度上，制造业内部结构变化较慢。与 2000 ~ 2008 年相比，2009～2017 年全国 17 个省份制造业内部行业结构矢量夹角值降低，即天津、吉林、河北、内蒙古、浙江、江苏、海南、福建、安徽、江西、广东、贵州、云南、广西、山东、陕西、新疆。2000～2017 年制造业内部结构矢量夹角值海南最高，江西最低。

（2）总体而言，虽然制造业内部行业结构矢量夹角值变化较慢，但区域间差异性较大。东部地区和西部地区制造业内部行业结构矢量夹角值变化较慢，而中部地区矢量夹角值变化较快。东部地区矢量夹角值变化放慢。与 2000～2008 年相比，2009～2017 年东部地区中，除北京、上海、辽宁外，其余省份制造业矢量夹角值变化放慢。2000～2017 年海南制造业矢量夹角值最大，广东制造业的矢量夹角值最小。具体参见图 5－13。中部地区矢量夹角值变化加快。与 2000～2008 年相比，2009～2017 年除吉林、安徽、江西外，中部地区其余省份的矢量夹角值呈现上升。2000～2017 年黑龙江矢量夹角值最高，江西最低。具体参见图 5－14。西部地区矢量夹角值变化放慢。与 2000～2008 年相比，2009～2017 年除重庆、四川、甘肃、青海和宁夏外，西部地区其余省份的矢量夹角值呈现下降。2000～2017 年陕西矢量夹角值最高，贵州最低。具体参见图 5－15。

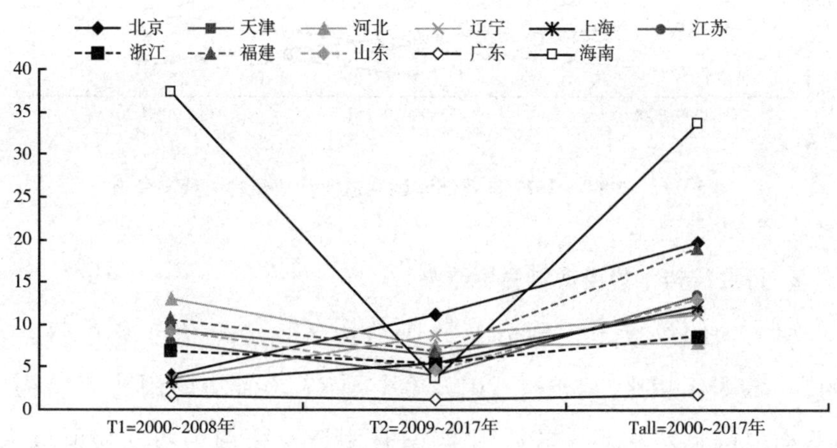

图 5－13　2000～2008 年东部地区制造业行业结构矢量夹角值

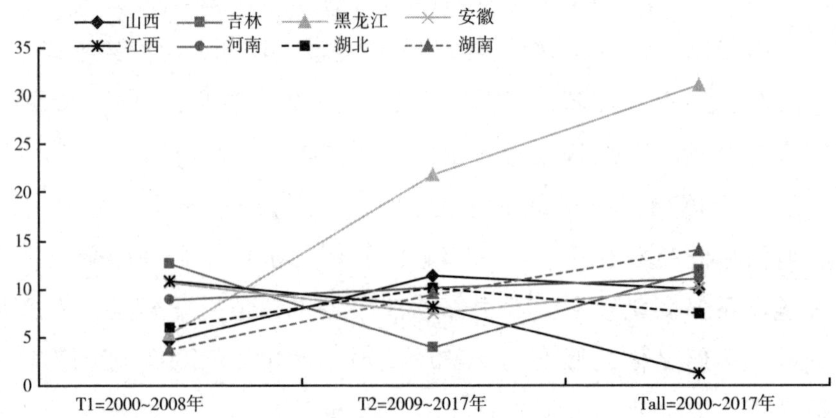

图 5-14　2000～2017 年中部地区制造业行业结构矢量夹角值

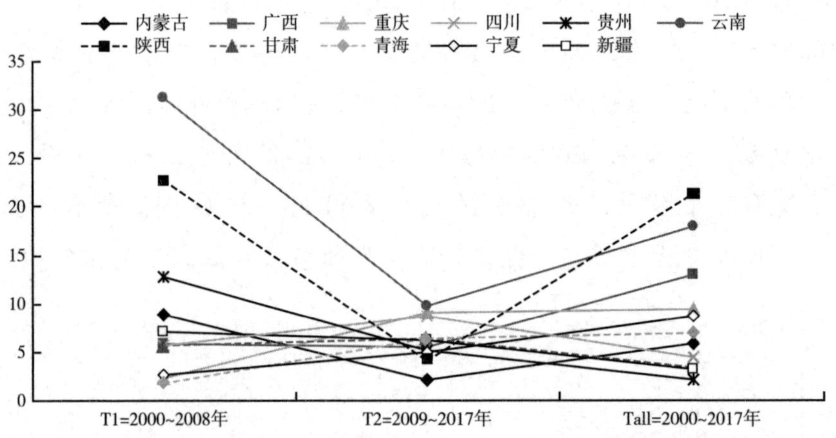

图 5-15　2000～2017 年西部地区制造业行业结构矢量夹角值

2. 行业结构年均变动值测度结果

（1）时间维度上，制造业行业结构年均变动值变化放慢。与 2000～2008 年相比，2009～2017 年全国 17 个省份的制造业结构年均变动值降低。2000～2017 年海南省制造业结构年均变动值最大，而江西最低。

（2）总体放慢，但地区间特点不同。东部和西部地区制造业行业结构年均变动值有所下降，而中部地区区域间变化差异性较大。东部地区制造业结构年均变动值变化较慢。与 2000 ~ 2008 年相比，2009 ~ 2017 年东部地区中除北京、辽宁和上海外，其余省份制造业行业结构年均变动值降低。2000 ~ 2017 年海南制造业行业结构年均变动值最大，而广东最小。具体参见图 5 – 16。中部地区各省份间制造业行业结构年均变动值变动差异较大。与 2000 ~ 2008 年相比，2009 ~ 2017 年山西、黑龙江、河南、湖北、湖南制造业行业结构年均变动值上升，而吉林、安徽、江西制造业行业结构年均变动值下降。2000 ~ 2017 年黑龙江省制造业行业结构年均变动值最大，而江西最小。具体参见图 5 – 17。西部地区多数省份制造业行业结构年均变动值下降。与 2000 ~ 2008 年相比，2009 ~ 2017 年西部地区 6 个省份制造业行业结构年均变动值下降，即内蒙古、广西、贵州、云南、陕西、甘肃。2000 ~ 2017 年陕西制造业行业结构年均变动值最大，而贵州最小。具体参见图 5 – 18。

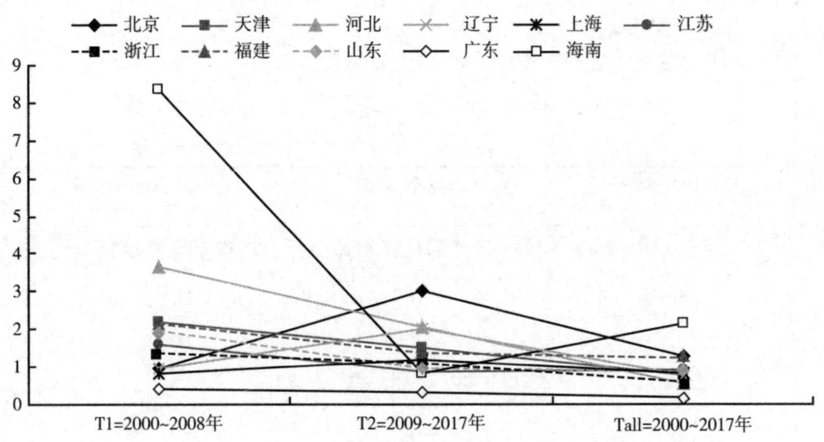

图 5 – 16　2000 ~ 2017 年东部地区制造业行业结构年均变动值

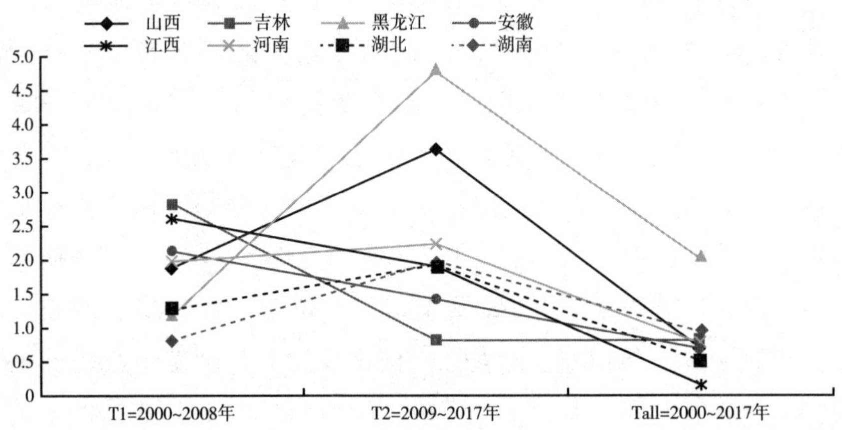

图 5－17　2000～2017 年中部地区制造业行业结构年均变动值

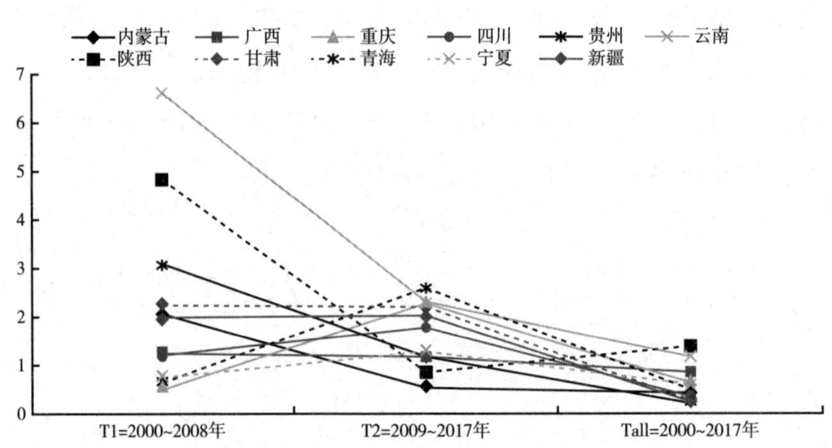

图 5－18　2000～2017 年西部地区制造业行业结构年均变动值

第四节　本章小结

制造业转型升级为劳动密集型向资本或技术密集型转变的过程，在结构演进过程中，方向和速度能更好地反映转型升级的动态性。本章采用结构超前系数测度我国制造业转型升级方向，并根据 Lilien

指数模型和 More 值分别测度我国制造业转型升级速度。测度结果如下。

1. 我国制造业转型升级方向测度结果

从时间维度上看，制造业技术密集型行业结构演进较快，资本和劳动密集型行业结构演进相对较慢，但就在不同时期，特点各异。2000～2017 年制造业中多数省份技术密集型行业均保持超前发展。2000～2008 年制造业资本密集型行业超前发展，2009～2017 年制造业劳动密集型行业和技术密集型行业均体现了超前发展的特点。区域间转型升级方向基本相同，但特点各异。东部地区劳动密集型行业和技术密集型行业结构超前系数呈现上升，而资本密集型行业结构超前系数有所下降。中部地区技术和劳动密集型行业均超前发展，但资本密集型行业滞后发展。西部地区劳动密集型行业和技术密集型行业超前发展，资本密集型行业滞后发展。

2. 我国制造业转型升级速度测度结果

（1）Lilien 指数测度结果

时间维度上，总体上各地区制造业转型升级速度在加快。与 2000～2008 年相比，2009～2017 年全国 18 个省份的制造业转型升级速度加快，劳动力转移速度加快，即天津、河北、山西、吉林、黑龙江、福建、江西、山东、河南、湖北、湖南、广东、广西、四川、贵州、云南、陕西。2000～2017 年福建、北京和广东制造业的劳动力转移速度较快，Lilien 指数分别达到了 0.6157、0.5895 和 0.4362，而内蒙古和陕西省的制造业的 Lilien 指数较低，分别为 0.0848 和 0.0529。地区间制造业 Lilien 指数变化差异较大。但地区间变化特点不尽相同。东部地区和西部地区制造业 Lilien 指数变化差异性较大，中部地区 Lilien 指数呈现上升。

（2）矢量夹角值（度）测度结果

时间维度上，制造业内部结构变化较慢。与 2000～2008 年相比，2009～2017 年全国 17 个省份制造业内部结构矢量夹角值降低。

2000～2017 年制造业内部结构矢量夹角值中海南最高，江西最低。总体而言，制造业内部结构矢量夹角值变化较慢，但区域间差异性较大。东部地区和西部地区制造业内部结构矢量夹角值变化较慢，而中部地区矢量夹角值变化较快。

（3）行业结构年均变动值测度结果

时间维度上，制造业行业结构年均变动值变化放慢。与 2000～2008 年相比，2009～2017 年全国 17 个省份的制造业行业结构年均变动值降低。2000～2017 年海南省制造业行业结构年均变动值最高，而江西最低。行业结构均值总体放慢，但地区间特点不同。东部地区和西部地区制造业产业结构年均变动值呈现下降趋势，而中部地区区域间年均变化差异性较大。

第六章　我国制造业转型升级效率评价及测算结果

第一节　技术生产可能性集合及 Shephard 距离函数

技术创新驱动制造业转型升级过程突出表现为技术集约性的提高，即在技术创新投入到产出过程中，投入产出状况得到改善。对于制造业技术创新的投入产出过程而言，可以用技术创新的生产可能性集合来描述，投入和产出向量可分别用 x 、y 表示，$x \in R_{+}^{d}$，$y \in R_{+}^{p}$，那么此集合 Ψ_{TIP} 可表示为：

$$\Psi_{TIP} = \{(x,y) \in R_{+}^{d+p} : x \text{ can produce } y\} \tag{6.1}$$

公式（6.1）为制造业技术创新生产可能性集合，能够描述出制造业技术创新多种可能性的投入产出组合。在此基础上，将（6.1）中投入向量定义为技术创新要素投入集，将（6.1）中产出向量定义为技术创新产出集，分别表示为 $I_{TIP}(y)$ 和 $O_{TIP}(x)$ ：

$$I_{TIP}(y) = \{x : (x,y) \in \Psi_{TIP}\} \tag{6.2}$$

$$O_{TIP}(x) = \{y : (x,y) \in \Psi_{TIP}\} \tag{6.3}$$

在定义 $I_{TIP}(y)$ 和 $O_{TIP}(x)$ 的基础上，$\theta_{TIP}(x,y)$ 能够描述技术创新投入的最大压缩程度，$\lambda_{TIP}(x,y)$ 能够描述技术创新产出的最大扩展程度，其公式分别为：

$$\theta_{TIP}(x,y) = \min\{\theta:\theta x \in I_{TIP}(y)\} \leqslant 1 \tag{6.4}$$

$$\lambda_{TIP}(x,y) = \max\{\lambda:\lambda y \in O_{TIP}(x)\} \geqslant 1 \tag{6.5}$$

$\theta_{TIP}(x,y)$、$\lambda_{TIP}(x,y)$ 为 Shephard 距离函数。[①] $\theta_{TIP}(x,y)$ 表示产出向量既定，投入向量最小值；$\lambda_{TIP}(x,y)$ 描述了在技术创新过程中假定投入向量既定前提下，技术创新产出向量的最大值。基于 $\theta_{TIP}(x,y)$ 和 $\lambda_{TIP}(x,y)$ 函数，给定一组技术创新投入产出向量 (x,y)，那么最优的技术创新投入产出向量可表示为：

$$x^{*} = \theta_{TIP}(x,y)x \tag{6.6}$$

$$y^{*} = \lambda_{TIP}(x,y)y \tag{6.7}$$

在生产可能性集合 Ψ_{TIP} 中，给定一组技术创新投入产出向量 (x,y)，就能确定最优投入产出向量，根据 Farrell 的经济生产单位效率定义[②]，技术创新效率 TIE 可表示为：

$$TIE = \frac{x^{*}}{x} = \theta_{TIP}(x,y) \tag{6.8}$$

$$TIE = \frac{y}{y^{*}} = 1/\lambda_{TIP}(x,y) \tag{6.9}$$

公式（6.8）和（6.9）采用截面数据进行测算，并没有考虑时间因素对技术创新效率的影响，所以仅描述了技术创新效率的静态性特征。如果将时间因素纳入生产可能性集合，生产可能性边界的移动可能源于技术创新效率的变动和技术进步的变动。这种考虑时间因素情况下技术创新效率的变动称为技术创新效率的动态性特征。Malmquist 技术创新生产率指数能很好地刻画时间因素对技术创新效

---

① Shephard, R. W., *Cost and Production Functions*. Princeton University Press, Princeton, N. J., 1953.

② Farrell M. J., "The Measurement of Productive Efficiency," *Journal of the Royal Statistical Society*, 1957, 120 (3): 253 - 290.

率的影响，s 和 t 两期间 Malmquist 技术创新生产率指数（technological innovation productivity index）[①] 为：

$$TIPI(y_s,x_s,y_t,x_t) = \frac{TIP(y_t,x_t)}{TIP(y_s,x_s)} = \frac{y_t/x_t}{y_s/x_s} \tag{6.10}$$

公式（6.10）中 y_s,x_s,y_t,x_t 为 s 和 t 两期间生产可能性集合中的投入产出向量，TIP 和 $TIPI$ 分别代表技术创新生产率和技术创新生产率指数。如果规模报酬不变（CRS），那么 s 和 t 两期间 Malmquist 技术创新生产率指数中的 $TIP(y_t,x_t)$ 和 $TIP(y_s,x_s)$ 分别为：

$$TIP(y_t,x_t) = \frac{y_t}{x_t} = \frac{y_t}{F_C^t(x_t)} \times \frac{F_C^t(x_t)}{x_t} = \theta_{TIP}^t(x_t) \times \frac{F_C^t(x_t)}{x_t} \tag{6.11}$$

$$TIP(y_s,x_s) = \frac{y_s}{x_s} = \frac{y_s}{F_C^t(x_s)} \times \frac{F_C^t(x_s)}{x_s} = \theta_{TIP}^s(x_s) \times \frac{F_C^t(x_s)}{x_s} \tag{6.12}$$

其中，s 期和 t 期的生产函数分别为 $F_C^s(\cdot)$、$F_C^t(\cdot)$，产出距离函数分别为 $\theta_{TIP}^s(x_s)$ 和 $\theta_{TIP}^t(x_t)$，在 CRS 的条件下，$\frac{F_C^t(x_t)}{x_t} = \frac{F_C^t(x_s)}{x_s}$，从而得到技术创新生产率指数 $TIPI$：

$$TIPI(y_s,x_s,y_t,x_t) = \frac{\theta_{TIP}^t(x_t)}{\theta_{TIP}^s(x_s)} \times \frac{\frac{F_C^t(x_t)}{x_t}}{\frac{F_C^t(x_s)}{x_s}} = \frac{\theta_{TIP}^t(x_t)}{\theta_{TIP}^s(x_s)} \tag{6.13}$$

公式（6.13）所采用产出距离函数表示的 Malmquist 技术创新生产率指数 $TIPI$ 为：

$$M_O^t(y_s,x_s,y_t,x_t) = \frac{\theta_{TIP}^t(x_t)}{\theta_{TIP}^s(x_s)} \tag{6.14}$$

采用第 s 期的 $F_C^s(\cdot)$，那么 $TIP(y_t,x_t)$ 和 $TIP(y_s,x_s)$ 分别表示为：

---

① Fare，R. and D. Prinmont，*Multi - Output Production and Duality*：*Theory and Applications*，Boston：Kluwer Academic Publishers，1995.

$$TIP(y_t, x_t) = \frac{y_t}{x_t} = \frac{y_t}{F_C^s(x_t)} \times \frac{F_C^s(x_t)}{x_t} = \theta_{TIP}^s(x_t) \times \frac{F_C^s(x_t)}{x_t} \tag{6.15}$$

$$TIP(y_s, x_s) = \frac{y_s}{x_s} = \frac{y_s}{F_C^s(x_s)} \times \frac{F_C^s(x_s)}{x_s} = \theta_{TIP}^s(x_s) \times \frac{F_C^s(x_s)}{x_s} \tag{6.16}$$

$\theta_{TIP}^s(x_s)$ 和 $\theta_{TIP}^s(x_t)$ 分别表示 $F_C^s(\cdot)$ 技术下的 (y_s, x_s) 和 (y_t, x_t) 的产出距离函数，那么 Malmquist 技术创新生产率可采用公式（6.15）和（6.16）的比值，即：

$$M_O^s(y_s, x_s, y_t, x_t) = \frac{\theta_{TIP}^s(x_t)}{\theta_{TIP}^s(x_s)} \tag{6.17}$$

利用第 s 期的基准技术，或者利用第 t 期的基准技术都可以对 Malmquist 技术创新生产率进行测算，那么 s 和 t 两期间 Malmquist 技术创新生产率指数可表示为第 s 期基准技术技术创新生产率指数和第 t 期基准技术技术创新生产率指数的几何平均数，公式为：

$$M_O(y_s, x_s, y_t, x_t) = [M_O^s(y_s, x_s, y_t, x_t) \times M_O^t(y_s, x_s, y_t, x_t)]^{1/2} \tag{6.18}$$

公式（6.18）所代表的从第 s 期到第 t 期的 Malmquist 技术创新生产率指数的变动状况如下：

$$M_O(y_s, x_s, y_t, x_t) = \begin{cases} > 1 & \text{表示技术创新生产率改善} \\ = 1 & \text{表示技术创新生产率不变} \\ < 1 & \text{表示技术创新生产率恶化} \end{cases} \tag{6.19}$$

根据 Fare、Grosskopf 及 Norris 等人 1994 年的研究，在 CRS 假定条件下，可将公式（6.18）进行分解①，那么第 s 期到第 t 期的 Malmquist 技术创新生产率指数为：

$$\begin{aligned} M_O(y_s, x_s, y_t, x_t) &= \frac{\theta_{TIP}^s(x_t)}{\theta_{TIP}^s(x_s)} \times \left[\frac{\theta_{TIP}^s(x_t)}{\theta_{TIP}^t(x_t)} \times \frac{\theta_{TIP}^s(x_s)}{\theta_{TIP}^t(x_s)}\right]^{1/2} \\ &= \Delta TIE_O(s,t) \times \Delta TIT_O(s,t) \end{aligned} \tag{6.20}$$

---

① Fare R. , Grosskopf S. , Norris M et al. , "Productivity growth, technical progress, and efficiency change in industrialized countries," *Am Econ Rev* , 1994, 84 (1): 66 - 83.

从公式（6.20）中，可以看出第 s 期到第 t 期的 Malmquist 技术创新生产率的变动源于第 s 期到第 t 期的技术创新效率变动（ΔTIE_O）和第 s 期到第 t 期的技术创新技术变动（ΔTIT_O）。第 s 期到第 t 期的技术创新效率变动（ΔTIE_O）为：

$$\Delta TIE_O(s,t) = \frac{\theta^s_{TIP}(x_t)}{\theta^s_{TIP}(x_s)} \tag{6.21}$$

$$\Delta TIE_O(s,t) = \begin{cases} >1 & \text{表示转型升级效率改善} \\ =1 & \text{表示转型升级效率不变} \\ <1 & \text{表示转型升级效率恶化} \end{cases} \tag{6.22}$$

ΔTIT_O 为第 s 期和第 t 期技术创新技术变动的几何平均值：

$$\Delta TIT_O(s,t) = \left[\frac{\theta^s_{TIP}(x_t)}{\theta^t_{TIP}(x_t)} \times \frac{\theta^s_{TIP}(x_s)}{\theta^t_{TIP}(x_s)}\right]^{1/2} \tag{6.23}$$

$$\Delta TIT_O(s,t) = \begin{cases} >1 & \text{表示技术进步} \\ =1 & \text{表示技术不变} \\ <1 & \text{表示技术退步} \end{cases} \tag{6.24}$$

第二节　制造业转型升级效率测算的 Bootstrap－DEA 方法

无论是不考虑时间因素的技术创新效率静态性特征，还是考虑时间因素的 Malmquist 技术创新生产率指数及其分解后的技术创新效率的动态性特征，对于技术创新投入产出向量 x 和 y，都需测算距离函数 $\theta_{TIP}(x,y)$。在规模报酬不变的前提下，美国运筹学专家 Charnes、Cooper 及 Rhodes 于 1979 年提出了数据包络分析模型（data envelope analysis model，DEA）来测算距离函数 $\theta_{TIP}(x,y)$，该模型也被称为 C^2R 模型。① 假定规模报酬不变，上述采用线性规划方法的模

① Charnes, A., Cooper, W. W., Rhodes, E., "Measuring the Efficiency of Decision Making Units," *European Journal of Operational Research*, 1979, 2: 429－444.

型为：

$$\hat{\theta}^{CRS} = \min\{\theta:\theta x_i \in \hat{L}_n^{CRS}(y_i)\} \tag{6.25}$$

$$\hat{L}_n^{CRS}(y_i) = \{x:y_i \leqslant Yz, x \geqslant Xz, z \in R_+^n\} \tag{6.26}$$

在规模报酬可变的条件下，Banker、Charnes 及 Cooper 于 1984 年提出了 BC^2 模型①：

$$\hat{\theta}^{VRS} = \min\{\theta:\theta x_i \in \hat{L}_n^{VRS}(y_i)\} \tag{6.27}$$

$$\hat{L}_n^{CRS}(y_i) = \{x:y_i \leqslant Yz, x \geqslant Xz, \sum_{i=1}^{n} z_i = 1, z \in R_+^n\} \tag{6.28}$$

对于一个现实的经济问题而言，实证研究很难判断是规模报酬不变还是规模报酬可变，这就带来了是选择 C^2R 模型还是 BC^2 模型的问题。如果规模报酬不变，BC^2 模型的测算结果 $\hat{\theta}^{VRS}$ 和 C^2R 模型的测算结果 $\hat{\theta}^{CRS}$ 都具有一致性；如果规模报酬可变，BC^2 测算结果 $\hat{\theta}^{VRS}$ 具有一致性，C^2R 测算结果 $\hat{\theta}^{CRS}$ 不具有一致性。由此可知，BC^2 模型规模报酬可变和规模报酬不变的测算结果 $\hat{\theta}^{VRS}$ 都是一致和上偏的。而 C^2R 模型只有在规模报酬不变的条件下，测算结果 $\hat{\theta}^{CRS}$ 才是一致和上偏的。

Simar 与 Wilson 的 Bootstrap - DEA 算法（SW 算法）② 解决了 C^2R 模型和 BC^2 模型测度结果的上偏问题，具体步骤如下。

①利用 DEA 模型计算所有决策单位的投入产出数据 (X_i, Y_i)，$i = 1, 2, \cdots, n$（数据不能有缺失）的效率估计值 $\hat{\theta}_i$。

②根据 $\hat{\theta}_i$，变换如下：

---

① Banker, R., Charnes, A., Cooper, W. W. "Some Models for Estimating Technical And Scale Inefficiencies in Data Envelopment Analysis," *Management Science*, 1984, 30: 1078 - 1092.

② Simar L., Wilson P. W., "Inference by the m out of n bootstrap in nonparametric frontier models," *Prod Anal*, 2011.

$$(\hat{X}_i^f, Y_i) = (X_i\hat{\theta}_i, Y_i) \tag{6.29}$$

③根据 $\hat{\theta}_i$，进行估计参数 h：

$$h = 0.90n^{-1/5}\min\{\hat{\sigma_\theta}, R_{13}/1.34\} \tag{6.30}$$

其中，σ_θ 和 R_{13} 分别为 $\hat{\theta}_i$ 的标准差、$\hat{\theta}_i$ 的经验分布。

④ $\hat{\theta}_i$ 再抽样 $\delta_i^*, i = 1, 2, \cdots, n$。

⑤生成序列 $\tilde{\delta}_i^*, i = 1, 2, \cdots, n$。

$$\tilde{\delta}_i^* = \begin{cases} \delta_i^* + h\varepsilon_i^* & if \quad \delta_i^* + h\varepsilon_i^* \leqslant 1 \\ 2 - (\delta_i^* + h\varepsilon_i^*) & if \quad \delta_i^* + h\varepsilon_i^* > 1 \end{cases} \tag{6.31}$$

⑥再抽样 γ_i^* 如下：

$$\gamma_i^* = \bar{\delta}_i^* + (\tilde{\delta}_i^* - \bar{\delta}_i^*)/\sqrt{1 + h^2/\hat{\sigma}_\theta^2} \tag{6.32}$$

其中，$\bar{\delta}_i^* = \sum_{i=1}^{n} \delta_i^*/n$。

⑦样本数据集为：

$$(\hat{X}_i^*, Y_i^*) = (\hat{X}_i^f/\gamma_i^*, Y_i) \tag{6.33}$$

⑧bootstrap 值为：

$$\hat{\theta}_{in}^{SW*} = \min_{\theta,z}\{\theta: Y_i \leqslant Yz, \theta X_i^* \geqslant X^* z, \sum_{i=1}^{n} z_i = 1, z \in R_+^n\} \tag{6.34}$$

⑨重复③－⑧ B 次，并得到值 $\hat{\theta}_{in}^{SW*B}, i = 1, 2, \cdots, n; b = 1, 2, \cdots, B$；$\hat{\theta}_i$ 的 DEA 估计偏差为：

$$bias = E(\hat{\theta}_i^*) - \hat{\theta}_i \tag{6.35}$$

$$est.\ bias = B^{-1}\sum_{b=1}^{B}(\hat{\theta}_{ib}^*) - \hat{\theta}_i \tag{6.36}$$

第三节　我国制造业转型升级效率的演变及差异

（一）我国制造业转型升级效率评价的指标选择

对于制造业转型升级效率评价而言，通过要素投入来实现技术创新的产出，本章将制造业技术创新视为一个完整的技术投入产出过程，技术创新投入产出的决策单位为我国30个省份。

（1）技术创新投入变量

人力投入和资本投入是技术创新投入的常用变量。研发人员数量并不能全面反映研发的工作强度，技术创新人力投入通常采用研发人员全时工作当量来衡量。技术创新资本投入通常采用研发经费投入指标来衡量。但考虑到研发经费不是存量，根据吴延兵2006年测算的R&D资本存量[①]，本书采用研发经费投入存量指标来衡量技术创新资本投入。研发经费存量以2000年为基期计算得出。鉴于数据的连续性和获得性，本书选取2008～2017年30个省份的技术创新数据。

（2）技术创新产出变量的选择

通常采用专利和新产品销售收入这两个指标来衡量制造业技术创新产出。专利指标信息量大，部分专利不能直接转化为经济效益，属于体现经济效益的间接性指标。新产品销售收入弥补了专利的缺陷，但该指标仅能体现大中企业的技术创新产出成果。尽管专利和新产品销售收入这两个指标各有优缺点，但都体现了技术创新的成果。因此，本书同时采用专利和新产品销售收入这两个指标作为制造业技术创新产出变量。鉴于专利申请到授权存在时间滞后性问题，本书采用专利申请量作为专利产出指标。

---

① 吴延兵：《R&D与生产率——基于中国制造业的实证研究》，《经济研究》2006年第11期，第60～71页。

（二）我国制造业转型升级效率的静态分析

采用 Bootstrap - DEA 方法计算得到 2008 ~ 2017 年我国 30 个省份制造业转型升级效率的静态性特征值，计算结果见表 6 - 1。

表 6 - 1　我国 30 个省份制造业转型升级效率的静态性特征值（2008 ~ 2017 年）

地区	2008 年	2009 年	2010 年	2011 年	2012 年	2013 年	2014 年	2015 年	2016 年	2017 年
北　京	0.39	0.27	0.21	0.63	0.72	0.86	0.81	0.92	0.97	0.98
天　津	1.00	0.38	0.19	0.79	0.96	0.99	0.80	0.81	1.00	0.80
河　北	0.28	0.15	0.12	0.27	0.40	0.36	0.41	0.52	0.59	0.60
山　西	0.27	0.12	0.13	0.12	0.30	0.29	0.31	0.42	0.39	0.36
内蒙古	0.38	0.56	0.12	0.20	0.29	0.33	0.24	0.29	0.32	0.25
辽　宁	0.28	0.13	0.10	0.29	0.42	0.50	0.56	0.65	0.75	0.69
吉　林	0.71	0.22	0.33	0.87	0.89	0.92	0.97	0.99	0.49	0.96
黑龙江	0.23	0.18	0.11	0.20	0.18	0.30	0.31	0.33	0.39	0.32
上　海	1.00	0.36	0.20	0.79	0.86	0.89	0.88	0.86	1.00	0.97
江　苏	0.39	0.24	0.16	0.40	0.48	0.69	0.73	0.81	0.82	0.85
浙　江	0.64	0.58	0.39	0.69	0.96	0.89	0.92	0.96	1.00	0.98
安　徽	0.40	0.33	0.37	0.35	0.61	1.00	0.98	0.99	0.98	0.99
福　建	0.63	0.27	0.20	0.36	0.59	0.58	0.61	0.65	0.64	0.59
江　西	0.28	0.13	0.15	0.26	0.24	0.37	0.35	0.59	0.75	0.73
山　东	0.45	0.31	0.18	0.40	0.58	0.68	0.52	0.70	0.69	0.71
河　南	0.38	0.28	0.19	0.29	0.46	0.43	0.45	0.46	0.77	0.70
湖　北	0.42	0.22	0.18	0.31	0.43	0.54	0.48	0.60	0.75	0.69
湖　南	0.49	0.39	0.19	0.29	0.82	0.81	0.70	0.89	0.95	0.97
广　东	0.78	0.75	0.47	0.67	0.91	0.81	0.70	0.69	0.73	0.73
广　西	0.65	0.36	0.26	0.53	0.56	0.69	0.55	0.70	0.98	0.76
海　南	1.00	0.97	1.00	0.99	0.97	1.00	0.79	0.77	0.86	0.63
重　庆	1.00	0.99	0.49	0.71	0.97	1.00	0.98	0.99	0.99	0.99
四　川	0.37	0.29	0.19	0.25	0.54	0.64	0.62	0.76	0.79	0.75
贵　州	0.29	0.27	0.30	0.57	0.72	0.71	0.67	0.68	0.78	0.69
云　南	0.32	0.32	0.31	0.27	0.47	0.45	0.52	0.58	0.66	0.61
陕　西	0.29	0.18	0.20	0.18	0.34	0.39	0.41	0.42	0.48	0.33

续表

地区	2008 年	2009 年	2010 年	2011 年	2012 年	2013 年	2014 年	2015 年	2016 年	2017 年
甘　肃	0.28	0.28	0.16	0.26	0.25	0.48	0.52	0.67	0.75	0.70
青　海	0.32	0.39	0.25	0.42	0.28	0.25	0.25	0.27	0.45	0.43
宁　夏	0.24	0.32	0.08	0.30	0.34	0.58	0.46	0.65	0.83	0.51
新　疆	0.42	0.39	0.22	0.29	0.56	0.42	0.61	0.75	0.90	0.99
均　值	0.49	0.35	0.24	0.43	0.57	0.63	0.60	0.68	0.75	0.71
标准差	0.25	0.22	0.18	0.23	0.25	0.24	0.22	0.21	0.20	0.22

总体而言，2008～2017 年我国制造业转型升级效率的静态性特征值呈现上升的趋势，地区间的差距变化较小。从制造业转型升级效率的静态性特征均值来看，2008～2017 年重庆、海南、浙江、上海和天津 5 个省份的静态性特征均值较高；而青海、陕西、内蒙古、山西和黑龙江 5 个省份的静态性特征均值较低。

在制造业转型升级效率静态性特征计算结果的基础上，将我国 30 个省份分为东、中、西地区[①]，这三个地区制造业转型升级效率静态性特征描述性统计分析结果结果显示：2008～2017 年东部地区制造业转型升级效率静态性特征均值明显高于中、西部地区，但三者之间的差距有所缩小。从区域间内部看，三个地区制造业转型升级效率静态性特征表现也不尽相同，东部地区内部制造业转型升级效率静态性特征地区间的差距在缩小，中部地区内部制造业转型升级效率静态性特征地区间的差距在扩大，西部地区内部制造业转型升级效率静态性特征地区间的差距变化不大。

（三）我国制造业转型升级效率的动态分析

采用 Bootstrap－DEA 方法计算得到 2008～2017 年我国制造业

① 东部地区包括：北京、天津、河北、辽宁、上海、江苏、浙江、福建、山东、广东和海南；中部地区包括：山西、吉林、黑龙江、安徽、江西、河南、湖北和湖南。西部地区包括：内蒙古、广西、重庆、四川、贵州、云南、陕西、甘肃、青海、宁夏和新疆。

Malmquist 技术创新生产率指数，在此基础上，分解该指数，并分析技术创新投入到产出的动态性，从而评价制造业转型升级效率的动态性特征。Malmquist 技术创新生产率指数和制造业转型升级效率动态性特征值的计算结果分别见表 6－2 和表 6－3。

表 6－2 我国 30 个省份制造业 Malmquist 技术创新生产率指数（2008～2017 年）

地区	2008～2009 年	2009～2010 年	2010～2011 年	2011～2012 年	2012～2013 年	2013～2014 年	2014～2015 年	2015～2016 年	2016～2017 年
北京	1.25	1.29	1.30	0.90	1.24	1.19	1.28	0.98	1.20
天津	0.80	0.89	1.10	1.02	1.03	0.99	0.89	1.12	0.91
河北	0.95	1.05	1.15	1.01	1.03	1.34	1.13	1.03	1.04
山西	1.10	1.11	1.12	1.13	1.15	1.29	1.09	1.06	0.95
内蒙古	1.79	0.43	1.05	1.08	0.97	0.98	0.89	0.90	0.96
辽宁	1.22	0.98	1.39	1.35	0.89	1.53	1.21	1.26	0.98
吉林	1.16	1.10	1.19	1.26	0.58	1.19	0.69	0.61	2.03
黑龙江	1.10	0.96	1.07	1.05	1.06	1.27	1.08	1.01	0.99
上海	0.90	1.06	1.16	0.86	1.09	1.12	1.12	0.97	1.16
江苏	0.95	1.10	1.35	1.17	1.29	1.38	0.98	0.99	1.20
浙江	1.09	1.19	0.99	1.13	0.94	1.18	0.99	1.06	1.00
安徽	1.15	1.73	0.67	1.33	1.40	1.48	1.02	1.05	1.10
福建	0.93	0.85	1.05	1.42	0.93	1.23	0.98	0.95	0.96
江西	1.12	1.11	0.96	0.92	1.26	1.06	1.27	1.11	1.08
山东	1.04	1.01	1.02	1.12	1.17	0.99	1.02	1.01	1.02
河南	0.95	1.15	1.20	1.00	0.93	1.20	0.96	1.33	0.96
湖北	0.90	1.12	1.19	1.15	1.10	1.22	1.06	1.27	1.05
湖南	1.05	0.85	1.03	2.16	0.96	1.17	1.01	1.05	1.02
广东	0.99	1.28	0.95	1.23	0.82	1.15	0.96	1.11	1.19
广西	1.13	1.09	1.13	0.96	1.01	0.84	0.99	1.22	0.82
海南	4.86	1.19	0.46	0.66	1.15	0.90	0.92	1.10	0.81
重庆	0.91	0.82	1.12	1.03	1.16	1.16	0.83	1.01	1.06
四川	1.20	1.06	1.11	1.17	1.22	1.13	1.12	1.02	1.07
贵州	1.37	1.48	1.37	1.10	0.87	1.30	1.01	1.15	1.00
云南	1.27	1.51	0.77	1.12	0.97	1.32	1.04	1.10	1.05
陕西	0.74	1.28	1.11	1.21	1.10	1.31	0.93	1.12	0.98
甘肃	1.26	0.80	1.58	0.65	1.78	1.20	1.15	0.97	1.13
青海	1.29	1.15	0.87	0.63	0.83	1.76	1.20	1.55	1.28

续表

地区	2008～2009年	2009～2010年	2010～2011年	2011～2012年	2012～2013年	2013～2014年	2014～2015年	2015～2016年	2016～2017年
宁夏	1.60	0.39	2.55	0.88	1.52	1.12	1.29	1.24	0.70
新疆	0.85	0.84	0.98	1.58	0.71	1.84	1.22	1.20	1.19
均值	1.23	1.06	1.13	1.09	1.10	1.22	1.04	1.08	1.06
标准差	0.72	0.27	0.34	0.31	0.29	0.21	0.14	0.15	0.22

表6－2中的计算结果显示，我国30个省份制造业Malmquist技术创新生产率指数各年度的均值均大于1，表明我国制造业技术创新投入到产出的状况均得到了改善，2008～2009年我国制造业Malmquist技术创新生产率指数的标准差为0.72，而2016～2017年此标准差为0.22，表明区域间制造业Malmquist技术创新生产率指数的差距有所缩小。在制造业Malmquist技术创新生产率指数计算结果的基础上，将我国30个省份分为东、中、西部地区①，这三个地区制造业Malmquist技术创新生产率指数描述性统计分析结果显示，总体而言，三个地区制造业Malmquist技术创新生产率指数均值均大于1，因此技术创新投入到产出的状况都得到了改善，但地区间的表现不尽相同。

表6－3 我国30个省份制造业转型升级效率动态性特征值（2008～2017年）

地区	2008～2009年	2009～2010年	2010～2011年	2011～2012年	2012～2013年	2013～2014年	2014～2015年	2015～2016年	2016～2017年
北京	1.69	1.95	0.41	0.79	0.96	1.15	0.76	0.95	1.03
天津	1.88	2.12	0.34	0.87	0.99	1.06	0.89	0.89	1.00
河北	1.58	1.68	0.41	0.73	1.04	1.08	0.75	0.79	1.05
山西	2.19	1.69	0.59	0.60	0.89	1.10	0.90	0.89	1.09
内蒙古	1.28	1.55	0.62	0.77	0.97	1.11	0.78	0.91	1.13
辽宁	2.13	1.79	0.42	0.79	1.10	1.09	0.79	0.89	1.08
吉林	3.77	1.13	0.33	1.35	0.60	1.21	0.69	0.72	1.00

① 东部地区包括：北京、天津、河北、辽宁、上海、江苏、浙江、福建、山东、广东和海南。中部地区包括：山西、吉林、黑龙江、安徽、江西、河南、湖北和湖南。西部地区包括：内蒙古、广西、重庆、四川、贵州、云南、陕西、甘肃、青海、宁夏和新疆。

续表

地区	2008～2009年	2009～2010年	2010～2011年	2011～2012年	2012～2013年	2013～2014年	2014～2015年	2015～2016年	2016～2017年
黑龙江	1.33	1.59	0.83	0.75	1.02	1.04	1.01	1.00	1.09
上　海	2.25	2.36	0.48	0.86	1.13	1.09	0.89	0.97	1.18
江　苏	1.30	1.88	0.56	0.82	0.89	1.24	0.95	0.84	1.01
浙　江	1.13	1.79	0.57	0.69	0.97	1.16	0.85	0.99	1.01
安　徽	1.10	1.81	0.63	0.82	0.85	1.29	1.02	1.00	0.97
福　建	2.09	1.78	0.44	0.80	0.94	1.11	0.81	0.94	1.00
江　西	1.89	1.74	0.32	0.92	1.06	1.06	0.78	0.87	1.03
山　东	1.33	2.03	0.55	0.80	1.07	1.10	0.80	0.90	1.04
河　南	1.16	1.69	0.74	0.69	1.04	1.04	0.84	0.86	0.99
湖　北	1.34	1.73	0.58	0.74	0.86	1.07	0.75	0.91	1.02
湖　南	1.29	1.69	0.56	0.85	0.98	1.27	0.83	0.89	1.10
广　东	1.14	1.82	0.61	0.83	0.82	1.13	0.80	0.98	1.02
广　西	1.89	1.76	0.54	0.81	0.78	1.05	0.68	0.84	1.04
海　南	5.07	1.17	0.44	0.66	1.03	0.96	0.76	0.95	1.01
重　庆	0.87	1.67	0.70	0.79	1.02	1.04	0.91	0.96	0.99
四　川	1.40	1.72	0.71	0.68	1.05	1.06	0.84	0.98	1.05
贵　州	1.20	1.61	0.75	0.90	0.89	1.31	1.00	1.00	1.10
云　南	1.33	1.69	0.56	0.66	1.02	1.20	0.95	0.96	1.07
陕　西	1.19	1.70	0.83	0.69	0.89	1.16	0.83	0.99	1.06
甘　肃	1.14	1.69	0.74	0.48	1.06	0.93	0.78	0.86	1.01
青　海	1.03	1.75	0.64	0.85	0.94	1.41	1.07	0.98	1.09
宁　夏	1.07	1.71	0.53	0.77	1.00	1.23	0.94	0.83	1.02
新　疆	0.82	1.66	0.66	0.81	0.99	1.18	1.05	0.95	0.98
均　值	1.63	1.73	0.57	0.78	0.96	1.13	0.86	0.92	1.03
标准差	0.87	0.23	0.15	0.14	0.11	0.10	0.10	0.07	0.04

相对于静态性特征，我国制造业转型升级效率动态性特征的变化较为复杂。总体而言，2008～2017年我国制造业转型升级效率的动态性特征值地区间的差距呈现出一个不断缩小的趋势。统计结果显示，尽管我国东部、中部、西部地区制造业转型升级效率动态性特征变化也比较复杂，但整体上呈现波动下降的变化趋势。东部地区和中部地区内部制造业转型升级效率动态性特征值地区间的差异不断缩小，而西部地区内部间的差异变化具有波动性。

第四节　本章小结

技术创新驱动制造业转型升级，其过程表现为技术创新投入产出状况的改善，此过程的特征表现为技术创新集约性的提升。根据Farrell 1957 年对经济生产单元效率的定义，在技术创新生产可能性集合中，对于给定一组经济生产单元技术创新投入产出点，可定义技术创新效率。不考虑时间因素对技术创新效率的影响，称之为技术创新效率的静态性特征。如果将时间因素纳入生产可能性集合，生产可能性边界的移动可能源于技术创新效率的变动和技术进步的变动。这种考虑时间因素的技术创新效率的变动称为技术创新效率的动态性特征。Malmquist 技术创新生产率指数分解为技术效率变动与技术进步的变动两部分。

无论是不考虑时间因素的技术创新效率静态性特征，还是考虑时间因素的 Malmquist 技术创新生产率指数及其分解后的技术创新效率的动态性特征，对于技术创新投入产出向量 x 和 y，都需测算距离函数 $\theta_{TIP}(x,y)$。对于一个现实的经济问题而言，实证研究很难判断是规模报酬不变还是规模报酬可变，这就带来了模型选择问题。Simar 与 Wilson 的 Bootstrap - DEA 算法（SW 算法）解决了模型测度结果的上偏问题。据此，本章从静态和动态角度分析我国制造转型升级效率。结果分析如下。

1. 我国制造业转型升级效率静态性分析结果

采用 Bootstrap - DEA 方法，计算得到 2008 ~ 2017 年我国制造业转型升级效率的静态性特征值。计算结果显示，总体而言，我国制造业转型升级效率静态性特征值呈现上升的趋势，东部地区制造业转型升级效率静态性特征均值明显高于中、西部地区。从区域内部看，东、中、西部三个地区制造业转型升级效率静态性特征表现也不尽相同，东部地区内部制造业转型升级效率静态性特征值地区间的差距在缩小，中部地区内部制造业转型升级效率静态性特征值地区间的差距在扩大，西部地区内部制造业转型升级效率静态性特征值地区间的差距变化较小。

2. 我国制造业转型升级效率动态性分析结果

分解 Malmquist 技术创新生产率指数，分析技术创新投入产出的动态性，从而评价制造业转型升级效率的动态性特征。计算结果显示，总体而言，我国 30 个省份制造业 Malmquist 技术创新生产率指数各年度的均值均大于 1，表明我国制造业技术创新投入到产出的状况均得到了改善，区域间制造业 Malmquist 技术创新生产率指数的差距有所缩小。尽管技术创新投入到产出的状况都得到了改善，但地区间的表现不尽相同。与静态性特征相比，我国制造业转型升级效率动态性特征的变化较为复杂。西部地区内部制造业转型升级效率动态性特征值地区间的差异变化具有波动性，而东部地区和中部地区内部地区间的差异在不断缩小。

第七章　我国制造业转型升级影响因素实证分析

第一节　我国制造业转型升级影响因素的理论分析

技术创新能够在生产过程中提高生产要素的使用效率，减少不必要的要素投入，将生产要素通过组合的方式，改变其收益率和相对边际效率，形成效率更高的生产要素组合模式。在提高要素使用效率的同时，通过技术创新还能改造原有的生产工具，以新的生产工艺来降低能耗。技术创新通过对生产方式的影响，还能进一步带来管理理念和组织形式的变革，是制造业转型升级的内在动力。此外，制造业转型升级还会受到其他因素的影响。通过提高人力资本质量，能够使劳动者充分掌握生产技术，以提高劳动生产效率的方式发挥人力资本的作用，进而影响我国制造业的转型升级。制造业发展离不开要素投入，在其他条件不变的情况下，优化要素间的配比关系，能够提高要素的使用效率，从而影响制造业的增长方式，因此，要素禀赋对我国制造业转型升级具有影响。在开放经济的条件下，不同的所有制结构能够产生不同的激励效应，通过激励作用来改变生产过程中资源利用水平和配置效率，并以此来影响我国制造业的增长方式。此外，外资企业通过直接投资带来的技术外溢，提高了东道国企业的生产效率，同时由于国际传导机制，外资企业的研发投入和人才培养促进了技术水平的提高，也会间接影响到东道国企业的技术创新，提高我国制造业技术创新能力。在我国商品的出口份额中，制造业所提供的产品占比较高，因此我国制造业出口导向型特征明显，出口量的增加会使制造业生产不断扩张，进而形成产业集群，通过系统化、专业化的发展提高了制造业的生产效率，引起制造业发展方式的转变。

综上所述，从制造业内部和外部角度，制造业转型升级影响因素可分为内部因素和外部因素。内部因素包括技术创新、人力资本、要素禀赋，外部因素包括所有制结构、外资技术溢出、出口水平。

(1) 技术创新 (X_1)。衡量技术创新方式不尽相同。吴延兵将R&D 存量平减为实际值，并采用永续盘存法来测算技术创新。[①] 而查建平等认为技术能力需要通过发明专利来体现，因此他认为技术创新应通过专利的授予数量来反映。[②] 赵文军[③]、张璐[④]提出衡量技术创新应当通过 R&D 支出与行业主营业务收入的比值来衡量，或者采用 R&D 投入与行业总产值的比值来衡量。本书衡量技术创新水平通过选取 R&D 投入与行业总产值之比来衡量，以增强回归结果的稳健性。

(2) 人力资本 (X_2)。为衡量行业人力资本，赵文军等采用科技活动人员占就业人数比重来反映。[⑤] 而杜伟等认为衡量人力资本可

---

① 吴延兵：《自主研发、技术引进与生产率——基于中国地区工业的实证研究》，《经济研究》2008 年第 8 期，第 51 ~ 64 页。

② 查建平、唐方方：《中国工业经济增长方式转变及其影响因素研究》，《当代经济科学》2014 年第 5 期，第 61 ~ 69 页。

③ 赵文军、于津平：《贸易开放、FDI 与中国工业经济增长方式——基于 30 个工业行业数据的实证研究》，《经济研究》2012 年第 8 期，第 18 ~ 31 页。

④ 张璐、景维民：《技术、国际贸易与中国工业发展方式的绿色转变》，《财经研究》2015 年第 9 期，第 121 ~ 132 页。

⑤ 赵文军、于津平：《贸易开放、FDI 与中国工业经济增长方式——基于 30 个工业行业数据的实证研究》，《经济研究》2012 年第 8 期，第 18 ~ 31 页。

以通过平均受教育年限来反映。[①] 薛继亮将人力资本分为知识人力和基础人力两部分，前者可以通过教育投资衡量，后者可以通过医疗支出衡量。[②] 鉴于本书衡量行业人力资本，因此采用行业研发人员全时当量与行业全部从业人员年平均人数的比值来反映。[③]

（3）要素禀赋（X_3）。对于仍然处在工业化进程中的国家而言，要素禀赋作用不可或缺。要素驱动多年支撑着我国制造业的快速发展。查建平等认为要素禀赋体现为资本与劳动的比例关系，因此对于资本与劳动的比例关系，本书采用了行业的资本投入与从业人员年平均数之比来表示[④]。但对于如何衡量资本投入，现有研究中的处理方式不尽相同。李小平等利用投资价格指数折算固定资产的账面价值[⑤]来表示资本投入，但其中的投资价格指数需要进行估算，那么就出现了估算中代理变量的选择问题。也有学者认为永续盘存法能够估算物质资本存量，但折旧率和基期资本存量选择存在争议，致使资本存量测算结果差异性较大。为降低测算结果差异性，陈诗一等提出将各行业上年末的固定资产净值与本年末净值之和取平均值[⑥]，本书以近似方法估计固定资产年平均净值余额。

（4）所有制结构（X_4）。在现有对所有制结构的研究中，康继军等在研究市场化水平时，对经济中非国有经济总产值、就业人数

① 杜伟、杨志江、夏国平：《人力资本推动经济增长的作用机制研究》，《中国软科学》2014年第8期，第173~183页。

② 薛继亮：《人力资本、技术进步和产业转型的相互影响机理研究——基于尼尔森－菲尔普斯模型》，《经济经纬》2015年第1期，第125~130页。

③ 戴翔、金碚：《服务贸易进口技术含量与中国工业经济发展方式转变》，《管理世界》2013年第9期，第21~31页。

④ 查建平、唐方方：《中国工业经济增长方式转变及其影响因素研究》，《当代经济科学》2014年第5期，第61~69页。

⑤ 李小平、朱钟棣：《中国工业行业的全要素生产率测算——基于分行业面板数据的研究》，《管理世界》2005年第4期，第56~64页。

⑥ 陈诗一：《中国的绿色工业革命：基于环境全要素生产率视角的解释（1980－2008）》，《经济研究》2011年第11期，第21~58页。

和固定资产投资占比进行了测度。[①] 陈勇等利用行业中国有企业资本占比来衡量所有制结构。[②] 马强文等利用全国工业企业中国有及国有控股企业占比增长率来衡量所有制结构。[③] 借鉴查建平等衡量所有制结构的做法，[④] 本书采用行业内工业总产值中国有控股企业的工业总产值占比来衡量所有制结构。

（5）外资技术溢出（X_5）。通常以 FDI 的参与程度来测度外资的技术溢出情况。蒋殿春等通过对行业中外资企业的总产值、就业人数和固定资产占比进行平均加权来测度外资的技术溢出情况。[⑤] 戴翔等仅利用行业中固定资产净值占比来测度外资的技术溢出情况。[⑥] Sembenelli 等提出行业中外资企业主营业务收入占比来衡量外资技术溢出情况[⑦]，本书也采用此方法。

（6）出口水平（X_6）。一般将出口水平定义为出口额与总产出的比值，借鉴戴翔等[⑧]的做法，本书使用行业的出口交货值与行业总销售产值的比值来衡量出口水平。

以上样本数据均来源于《中国统计年鉴》、《中国工业年鉴》和《中国科技统计年鉴》。

---

① 康继军、张宗益、傅蕴英：《中国经济转型与增长》，《管理世界》2007 年第 1 期，第 7～17 页。

② 陈勇、李小平：《中国工业行业的技术进步与工业经济转型——对工业行业技术进步的 DEA 法衡量及转型特征分析》，《管理世界》2007 年第 6 期，第 62～71 页。

③ 马强文、任保平：《中国经济发展方式转变的绩效评价及影响因素研究》，《经济学家》2010 年第 11 期，第 58～65 页。

④ 查建平、唐方方：《中国工业经济增长方式转变及其影响因素研究》，《当代经济科学》2014 年第 5 期，第 61～69 页。

⑤ 蒋殿春、张宇：《经济转型与外商直接投资技术溢出效应》，《经济研究》2008 年第 7 期，第 26～38 页。

⑥ 戴翔、金碚：《服务贸易进口技术含量与中国工业经济发展方式转变》，《管理世界》2013 年第 9 期，第 21～31 页。

⑦ Sembenelli A., Siotis G. "Foreign Direct Investment, Competitive Pressure and Spillovers. An Empirical Analysis of Spanisli Firm Level Data," *CEPR Discussion Paper* No. 4903, 2005.

⑧ 戴翔、金碚：《服务贸易进口技术含量与中国工业经济发展方式转变》，《管理世界》2013 年第 9 期，第 21～31 页。

第二节　我国制造业转型升级方向和速度的空间相关性检验

（一）全域空间相关性检验的统计分析工具

检验全域中若干个空间单元间的空间相关性，称为全域空间相关性检验①，通常采用 Moran I 指数、Geary C 指数和全局 G 指数进行分析。② 因此，本书采用 Moran I 指数、Geary C 指数和全局 G 指数，检验我国30个省份制造业转型升级方向和速度的空间相关性。在设定空间权重矩阵的条件下，可得到我国制造业转型升级方向和速度的 Moran I 指数、Geary C 指数和全局 G 指数公式。

Moran I 指数公式如下：

$$I = \frac{n\sum_{i=1}^{n}\sum_{j=1}^{n} w_{ij}(E_i - \bar{E})(E_j - \bar{E})}{\sum_{i=1}^{n}\sum_{j=1}^{n} w_{ij}\sum_{i=1}^{n}(E_i - \bar{E})^2} = \frac{\sum_{i=1}^{n}\sum_{j=1}^{n} w_{ij}(E_i - \bar{E})(E_j - \bar{E})}{S^2\sum_{i=1}^{n}\sum_{j=1}^{n} w_{ij}} \tag{7.1}$$

$$S^2 = \frac{1}{n}\sum_{i=1}^{n}(E_i - \bar{E})^2, \bar{E} = \frac{1}{n}\sum_{i=1}^{n} E_i$$

其中 E_i 为第 i 个地区的制造业转型升级方向和速度，w_{ij} 为空间权重矩阵元素，n 为地区数量。

Geary C 指数公式如下：

$$C = \frac{(n-1)}{2\sum_{i=1}^{n}\sum_{j=1}^{n} w_{ij}} \frac{\sum_{i=1}^{n}\sum_{j=1}^{n} w_{ij}}{\sum_{i=1}^{n}(E_i - \bar{E})^2} \tag{7.2}$$

---

① Anselin L, J. Le Gallo and H. Jaye. "Spatial Panel Econometrics in The Econometrics of Panel Data," *Springer*, 2008.

② Baltagi B. H., G. Bresson and A. Pirotte. "Testing the Fixed Effects Restrictions? A Monte Carlo Study of Chamberlain's Minimum Chi – Squared Test," *Center for Policy Research*, Paper 51, Syracuse University, 2009.

$$\bar{E} = \frac{1}{n}\sum_{i=1}^{n} E_i$$

其中 E_i 为第 i 个地区的制造业转型升级方向和速度，w_{ij} 为空间权重矩阵元素，n 为地区数量。

G 指数公式如下：

$$G = \frac{\sum_{i=1}^{n}\sum_{j=1}^{n} w_{ij}(d) E_i E_j}{\sum_{j=1}^{n}\sum_{i=1}^{n} E_i E_j} \tag{7.3}$$

其中 E_i 为第 i 个地区的制造业转型升级方向和速度；$w_{ij}(d)$ 为地区 i 和 j 的区位相邻系数，在 i 和 j 相邻的条件下，$w_{ij}(d) = 1$，在 i 和 j 不相邻的条件下，$w_{ij}(d) = 0$，d 为门限距离；n 是地区数量。

（二）空间权重矩阵的构建及选择

Anselin 提出空间权重矩阵（spatial weighting matrix）为空间计量分析奠定了基础。[①] 空间权重矩阵 W 一般形式如下：

$$W = \begin{bmatrix} 0 & w_{1,2} & \cdots & w_{1,j} & \cdots & w_{1,N} \\ w_{2,1} & 0 & \cdots & w_{2,j} & \cdots & w_{2,N} \\ \vdots & \vdots & \ddots & \cdots & \cdots & \cdots \\ w_{i,1} & w_{i,2} & \vdots & 0 & \cdots & w_{i,N} \\ \vdots & \vdots & \vdots & \vdots & \ddots & \cdots \\ w_{N,1} & w_{N,2} & \vdots & w_{N,j} & \vdots & 0 \end{bmatrix} \tag{7.4}$$

其中，N 为空间单元数，W 为 $N \times N$ 阶方阵，主对角线元素全为 0，w_{ij} 为 j 对 i 的空间影响。空间权重矩阵具体形式可从距离、边界、距离 - 边界组合、经济 - 社会关系及嵌套的角度进行设定。[②]

① Anselin, L. "Under the Hood: issues in the specification and interpretation of spatial regression models," *Agricultural Economics*, 2002, 17: 247 - 267.

② 近年来，也有学者尝试研究从样本数据中估计空间权重矩阵，从理论上提出了 AMOEBA 算法、CCC 方法及熵值法等，但从应用环节看，这些方法的前提假设还过于苛刻。

1. 基于距离的空间权重矩阵

Anselin 提出通过 K 阶邻近距离来设定空间权重矩阵[①]，通过 i 与 j(j ≠ i) 质心距离 d_{ij} 的排列顺序：$d_{ij}^1 \leqslant d_{ij}^2 \leqslant \cdots \leqslant d_{ij}^{N-1}$，根据选取前 K 个区域 $N_K^i = \{j(1),j(2),\cdots,j(K)\}$，空间权重矩阵赋值如下：

$$w_{ij} = \begin{cases} 1, j \in N_K^i \\ 0, j \notin N_K^i \end{cases} \tag{7.5}$$

采用径向距离来设定空间权重矩阵主要是根据 i 与 $j(j \neq i)$ 质心距离 d_{ij} 同阈值距离 d 的比较情况，空间权重矩阵赋值如下：

$$w_{ij} = \begin{cases} 1, 0 \leqslant d_{ij} \leqslant d \\ 0, d_{ij} > d \end{cases} \tag{7.6}$$

在 i 与 $j(j \neq i)$ 质心距离 d_{ij} 小于阈值距离 d 的情况下，空间权重矩阵元素赋值为 1，i 与 $j(j \neq i)$ 间不具有递减效应。[②] 因此，Leenders 提出具有递减效应的空间效应可利用负幂函数，空间权重矩阵赋值如下：

$$w_{ij} = d_{ij}^{-\alpha} \tag{7.7}$$

Haining[③] 通过构造指数函数，具有空间递减效应的空间权重矩阵赋值如下：

$$w_{ij} = \exp(-\alpha d_{ij}) \tag{7.8}$$

（7.7）和（7.8）中 α 为正整数。

综合负幂函数和指数函数，可构造具有空间递减效应的空间权

---

① Anselin, L. "Spatial externalities, spatial multipliers, and spatial econometrics," *International Regional Science Review*, 2003, 26: 153 - 166.

② Leenders, R, . "Modeling social influence through network autocorrelation: constructing the weight matrix," *Social Networks*, 2002, 24: 21 - 47.

③ Haining, R. *Spatial Data Analysis*. Cambridge: Cambridge University Press, 2003.

重矩阵，赋值如下：

$$w_{ij} = \begin{cases} [1-(d_{ij}/d)^{K}]^{K}, 0 \leqslant d_{ij} \leqslant d \\ 0, d_{ij} > d \end{cases} \tag{7.9}$$

其中, K 为正整数，常取 $K = 2,3,4$ 。

2. 基于边界的空间权重矩阵

Bodson 及 Peters①、Anselin②、Bavaud③ 提出通过边界确定空间权重矩阵的思想，主要从空间近邻（spatial contiguity）和共享边界（shared - boundary）的角度来设定空间权重矩阵。

设定 $bnd(i)$ 为 i 的边界，空间近邻的角度来设定空间权重矩阵，其形式如下：

$$w_{ij} = \begin{cases} 1, bnd(i) \cap bnd(j) \neq \varphi \\ 0, bnd(i) \cap bnd(j) = \varphi \end{cases} \tag{7.10}$$

设定 l_{ij} 为 i 和 j 的共享边界长度, l_i 为 i 的边界长度，共享边界的角度来设定空间权重矩阵，其形式如下：

$$w_{ij} = \frac{l_{ij}}{l_i} \tag{7.11}$$

3. 基于距离 - 边界组合的空间权重矩阵

Cliff 及 Ord 提出的空间权重矩阵，具体设定形式如下：

$$w_{ij} = \frac{l_{ij} d_{ij}^{-\alpha}}{\sum_{k \neq i} l_{ik} d_{ik}^{-\alpha}} \tag{7.12}$$

另一种是反距离空间权重矩阵为：

---

① Bodson, P. and D. Peters. "Estimation of the coefficients of a linear regression in the presence of spatial autocorrelation: an application to a Belgium labor demand function," *Environment and Planning*, 1975, 4: 455 - 472.

② Anselin, L. *Spatial Econometrics: Methods and Models*, Dordrecht: Kluwer, 1988.

③ Bavaud, F. "Models for spatial weights: a systematic look," *Geographical Analysis*, 1998, 30: 153 - 171.

$$w_{ij} = \begin{cases} d_{ij}^{-\alpha} \left(\frac{l_{ij}}{l_i}\right)^{\beta}, i \neq j \\ 0, i = j \end{cases} \tag{7.13}$$

4. 基于经济－社会关系的空间权重矩阵

王守坤提出了经济－社会关系的空间权重矩阵①，给定 Y 是经济－社会关系变量，其形式如下：

$$w_{ij} = \begin{cases} 1/|\bar{Y}_i - \bar{Y}_j|, i \neq j \\ 0, i = j \end{cases} \tag{7.14}$$

5. 嵌套空间权重矩阵

综合空间信息 W^G 和经济－社会关系信息 W^E，Parent 及 LeSage 提出了嵌套空间权重矩阵②，嵌套空间权重矩阵形式如下：

$$W = (1 - \delta) W^G + \delta W^E \tag{7.15}$$

（三）我国制造业转型升级方向和速度的空间相关性检验结果

根据前述第五章的制造业转型升级方向和速度的测度结果，本书对衡量制造业转型升级方向的技术密集型行业结构超前系数、制造业转型升级速度的 Lilien 指数、行业结构矢量夹角值和行业结构年均变动值进行空间相关性检验。

为体现空间相关性检验的全面性，利用三种空间权重矩阵，分别计算全局 G 指数、Geary C 指数和 Moran I 指数，检验 2000～2017 年我国 30 个省份制造业技术密集型行业结构超前系数和制造业转型升级速度的 Lilien 指数、行业结构矢量夹角值和行业结构年均变动值的空间相关性特征。结果见表 7－1、表 7－2、表 7－3 和表 7－4。

---

① 王守坤：《空间计量模型中权重矩阵的类型与选择》，《经济数学》2013 年第 3 期，第 57～63 页。

② Parent, O., LeSage, J. P. "Using the variance structure of the conditional autoregressive spatial specification to model knowledge spillovers," *Journal of Applied Econometrics*, 2008, 23: 235－256.

表 7-1　行业结构超前系数空间相关性检验（2000~2017 年）

年份	反距离 W			空间近邻 W			4 阶邻近 W		
	G 指数	C 指数	I 指数	G 指数	C 指数	I 指数	G 指数	C 指数	I 指数
2000~2001	0.112	0.441	0.352	0.105	0.401	0.485	0.114	0.334	0.253
2001~2002	0.127	0.452	0.367	0.121	0.429	0.492	0.123	0.382	0.264
2002~2003	0.130	0.467	0.371	0.136	0.436	0.522	0.137	0.397	0.277
2003~2004	0.145	0.478	0.384	0.139	0.482	0.539	0.146	0.425	0.285
2004~2005	0.150	0.482	0.393	0.14	0.512	0.584	0.150	0.482	0.296
2005~2006	0.144	0.518	0.453	0.152	0.553	0.675	0.148	0.558	0.322
2006~2007	0.131	0.509	0.468	0.195	0.559	0.651	0.133	0.575	0.482
2007~2008	0.107	0.575	0.481	0.192	0.524	0.618	0.175	0.601	0.411
2008~2009	0.163	0.606	0.663	0.141	0.502	0.625	0.134	0.573	0.439
2009~2010	0.150	0.523	0.431	0.167	0.557	0.616	0.129	0.527	0.428
2010~2011	0.177	0.537	0.542	0.199	0.531	0.633	0.187	0.592	0.413
2011~2012	0.168	0.512	0.604	0.164	0.511	0.667	0.151	0.565	0.393
2012~2013	0.151	0.530	0.576	0.182	0.562	0.730	0.181	0.526	0.327
2013~2014	0.143	0.599	0.545	0.128	0.535	0.772	0.177	0.515	0.484
2014~2015	0.109	0.595	0.516	0.195	0.513	0.718	0.173	0.576	0.557
2015~2016	0.160	0.607	0.649	0.142	0.561	0.716	0.175	0.604	0.528
2016~2017	0.193	0.5	0.571	0.105	0.587	0.685	0.166	0.518	0.482

注：笔者利用 Stata 空间计量分析软件包 spatreg 计算得到。

表 7-2　Lilien 指数空间相关性检验

年份	反距离 W			空间近邻 W			4 阶邻近 W		
	G 指数	C 指数	I 指数	G 指数	C 指数	I 指数	G 指数	C 指数	I 指数
2000~2001	0.113	0.511	0.271	0.163	0.436	0.611	0.555	0.186	0.209
2001~2002	0.105	0.529	0.328	0.166	0.421	0.562	0.575	0.149	0.141
2002~2003	0.177	0.407	0.385	0.059	0.558	0.523	0.604	0.268	0.397
2003~2004	0.269	0.501	0.361	0.133	0.507	0.604	0.624	0.209	0.294
2004~2005	0.139	0.381	0.482	0.255	0.632	0.592	0.632	0.273	0.301
2005~2006	0.214	0.649	0.439	0.13	0.711	0.646	0.666	0.296	0.226

续表

年份	反距离 W			空间近邻 W			4 阶邻近 W		
	G 指数	C 指数	I 指数	G 指数	C 指数	I 指数	G 指数	C 指数	I 指数
2006 ~ 2007	0. 188	0. 563	0. 589	0. 122	0. 636	0. 706	0. 665	0. 324	0. 369
2007 ~ 2008	0. 194	0. 654	0. 491	0. 139	0. 65	0. 693	0. 759	0. 359	0. 464
2008 ~ 2009	0. 137	0. 661	0. 601	0. 188	0. 462	0. 673	0. 741	0. 325	0. 399
2009 ~ 2010	0. 278	0. 426	0. 543	0. 232	0. 558	0. 66	0. 639	0. 338	0. 527
2010 ~ 2011	0. 224	0. 499	0. 576	0. 204	0. 492	0. 759	0. 724	0. 427	0. 334
2011 ~ 2012	0. 243	0. 439	0. 613	0. 198	0. 596	0. 732	0. 663	0. 409	0. 405
2012 ~ 2013	0. 177	0. 644	0. 504	0. 229	0. 455	0. 791	0. 712	0. 482	0. 461
2013 ~ 2014	0. 252	0. 694	0. 68	0. 189	0. 671	0. 748	0. 774	0. 54	0. 597
2014 ~ 2015	0. 233	0. 667	0. 683	0. 154	0. 45	0. 775	0. 768	0. 584	0. 621
2015 ~ 2016	0. 291	0. 559	0. 721	0. 166	0. 466	0. 626	0. 782	0. 533	0. 520
2016 ~ 2017	0. 236	0. 532	0. 696	0. 151	0. 424	0. 691	0. 770	0. 548	0. 526

注：笔者利用 Stata 空间计量分析软件包 spatreg 计算得到。

表 7－3　行业结构矢量夹角值空间相关性检验

年份	反距离 W			空间近邻 W			4 阶邻近 W		
	G 指数	C 指数	I 指数	G 指数	C 指数	I 指数	G 指数	C 指数	I 指数
2000 ~ 2001	0. 728	0. 776	0. 289	0. 773	0. 47	0. 899	0. 094	0. 143	0. 493
2001 ~ 2002	0. 826	0. 475	0. 255	0. 44	0. 8	0. 327	0. 09	0. 086	0. 927
2002 ~ 2003	0. 617	0. 975	0. 284	0. 735	0. 814	0. 484	0. 691	0. 506	0. 553
2003 ~ 2004	0. 433	0. 462	0. 233	0. 347	0. 014	0. 629	0. 802	0. 966	0. 764
2004 ~ 2005	0. 988	0. 551	0. 361	0. 866	0. 93	0. 795	0. 396	0. 58	0. 231
2005 ~ 2006	0. 801	0. 664	0. 325	0. 522	0. 095	0. 873	0. 827	0. 12	0. 078
2006 ~ 2007	0. 489	0. 727	0. 404	0. 265	0. 908	0. 768	0. 742	0. 002	0. 963
2007 ~ 2008	0. 536	0. 15	0. 44	0. 967	0. 671	0. 489	0. 932	0. 45	0. 604
2008 ~ 2009	0. 671	0. 593	0. 473	0. 41	0. 964	0. 871	0. 538	0. 293	0. 283
2009 ~ 2010	0. 336	0. 121	0. 234	0. 954	0. 962	0. 177	0. 791	0. 622	0. 035
2010 ~ 2011	0. 427	0. 618	0. 697	0. 588	0. 667	0. 675	0. 936	0. 801	0. 149
2011 ~ 2012	0. 92	0. 956	0. 232	0. 303	0. 641	0. 258	0. 13	0. 715	0. 792
2012 ~ 2013	0. 082	0. 785	0. 044	0. 718	0. 607	0. 473	0. 526	0. 694	0. 285
2013 ~ 2014	0. 748	0. 394	0. 089	0. 48	0. 382	0. 906	0. 899	0. 73	0. 13
2014 ~ 2015	0. 806	0. 592	0. 35	0. 459	0. 939	0. 626	0. 806	0. 934	0. 822
2015 ~ 2016	0. 523	0. 986	0. 487	0. 774	0. 628	0. 202	0. 815	0. 399	0. 656
2016 ~ 2017	0. 42	0. 88	0. 479	0. 69	0. 585	0. 561	0. 828	0. 552	0. 502

注：笔者利用 Stata 空间计量分析软件包 spatreg 计算得到。

表 7-4 行业结构年均变动值的空间相关性检验

年份	反距离 W			空间近邻 W			4 阶邻近 W		
	G 指数	C 指数	I 指数	G 指数	C 指数	I 指数	G 指数	C 指数	I 指数
2000～2001	0.974	0.496	0.588	0.684	0.643	0.668	0.632	0.455	0.041
2001～2002	0.714	0.573	0.849	0.663	0.71	0.795	0.219	0.22	0.268
2002～2003	0.669	0.235	0.819	0.43	0.472	0.346	0.572	0.043	0.532
2003～2004	0.861	0.789	0.374	0.578	0.633	0.831	0.58	0.307	0.87
2004～2005	0.008	0.401	0.132	0.559	0.436	0.603	0.502	0.479	0.575
2005～2006	0.315	0.547	0.673	0.747	0.497	0.941	0.829	0.203	0.887
2006～2007	0.749	0.673	0.192	0.098	0.461	0.154	0.569	0.118	0.369
2007～2008	0.965	0.781	0.8	0.55	0.795	0.008	0.55	0.43	0.316
2008～2009	0.491	0.013	0.616	0.134	0.777	0.56	0.919	0.44	0.35
2009～2010	0.598	0.78	0.662	0.026	0.538	0.86	0.513	0.76	0.719
2010～2011	0.215	0.068	0.73	0.827	0.07	0.917	0.18	0.478	0.352
2011～2012	0.472	0.956	0.567	0.403	0.58	0.284	0.719	0.41	0.586
2012～2013	0.252	0.938	0.953	0.248	0.905	0.691	0.444	0.45	0.61
2013～2014	0.308	0.455	0.857	0.817	0.19	0.328	0.868	0.898	0.993
2014～2015	0.109	0.981	0.241	0.33	0.165	0.893	0.75	0.867	0.934
2015～2016	0.896	0.509	0.557	0.627	0.579	0.735	0.45	0.233	0.594
2016～2017	0.85	0.511	0.562	0.601	0.553	0.726	0.6	0.633	0.698

注：笔者利用 Stata 空间计量分析软件包 spatreg 计算得到。

由表 7-1、表 7-2、表 7-3 和表 7-4 可以看出，各个年份中在不同空间权重矩阵设定下，制造业技术密集型行业结构超前系数、制造业转型升级速度的 Lilien 指数、行业结构矢量夹角值和行业结构年均变动值的 G 指数、C 指数和 Moran's I 指数均通过了 5% 水平下的显著性检验，且均为正值。上述结果表明我国区域间制造业的行业结构超前系数和制造业转型升级速度 Lilien 指数、行业结构矢量夹角值和行业结构年均变动值在空间分布上具有显著的自相关关系，我国区域间制造业的行业结构超前系数和制造业转型升级速度 Lilien 指数、行业结构矢量夹角值和行业结构年均变动值的空间分布呈现类似的空间结构性。从整体上看，我国制造业技术密集型行业结构超前系数、制造业转型升级速度的 Lilien 指数、行业结构矢量夹角值和行业结构年均变动值的空间相关性是客观存在的，存在明显的空间集群现象。

第三节 我国制造业转型升级方向、速度影响因素的空间面板模型分析

（一）动态空间面板模型的估计方法

我国制造业转型升级方向和速度存在空间相关性，动态空间面板模型能有效地降低空间相关性所带来的内生性问题，因此采用动态空间面板模型来分析变量之间动态影响机制。目前，拟最大似然估计（QML）和广义矩估计（GMM）是动态空间面板模型通常采用的估计方法。

1. 动态空间面板模型的QML估计

动态空间面板模型一般形式如下：

$$Y_{it} = \lambda WY_{it} + \gamma Y_{it-1} + \rho WY_{it-1} + X_{it}^{T}\beta + \alpha_i + \varepsilon_{it} \tag{7.16}$$

公式（7.16）中 Y_{it}、X_{it} 分别为被解释变量向量和解释变量向量，分别 $n\times1$ 维、$n\times K$ 维的矩阵，W 是 $n\times n$ 维空间权重矩阵，α_i 和 ε_{it} 分别是个体效应和随机误差项。当 α_i 固定效应条件下，α_i 与 X_{it} 具有相关性；当 α_i 随机效应条件下，α_i 与 X_{it} 不具有相关性。一阶差分公式（7.16），得到如下模型：

$$\Delta Y_{it} = \lambda W\Delta Y_{it} + \gamma\Delta Y_{it-1} + \rho W\Delta Y_{it-1} + \Delta X_{it}^{T}\beta + \Delta\varepsilon_{it} \tag{7.17}$$

公式（7.17）中不存在个体效应 α_i，但损失了观测值信息。尽管变换后信息出现了损失，但可进行插值法①，如：

① Su, L. and Z. Yang. "QML estimation of dynamic panel data models with spatial errors," *Journal of Econometrics*, 2015, 185: 230 - 258.

$$\Delta Y_1 = \rho^m \Delta Y_{-m+1} + \sum_{j=0}^{m-1} \rho^j \Delta X_{1-j}^T \beta \tag{7.18}$$

对于 ΔY_{-m+1} 和 ΔX_{1-j} , $j = 0,1,2,\cdots$ 的条件均值为：

$$\eta_1 = \rho^m \Delta Y_{-m+1} + \sum_{j=0}^{m-1} \rho^j \Delta X_{1-j}^T \beta \tag{7.19}$$

公式（7.19）中，当 η_1 中大量含有自由参数时，将会导致非一致估计。如果 η_1 的条件期望含有有限个参数，从而将会一致估计，在变量 $\{Y_{it}, X_{it}\}$ 满足平稳条件时，这种情况会出现。$\Delta X_{i,1-j}$ 的条件期望如下：

$$E(\Delta X_{i,1-j} \mid \Delta X_i) = \theta_{0j} + \theta_{1j}^T \Delta X_i \tag{7.20}$$

其中，$\Delta X_i = (\Delta X_{i1}^T, \cdots, \Delta X_{iT}^T)^T$ ，θ_{0j} 和 θ_{1j} 与 i 无关，那么 $\Delta X = (\Delta X_1, \cdots, \Delta X_n)^T$ ，ΔX 为 $n \times KT$ 维矩阵。如果个体截面的 $E(\Delta Y_{i,-m+1} \mid \Delta X_{i1}, \Delta X_{i2}, \cdots, \Delta X_{iT})$ 形式相同，得到公式（7.21）：

$$\Delta Y_1 = \theta_0 \tau_n + \Delta X^T \theta_1 + e = \Delta \tilde{X}^T \theta + e \tag{7.21}$$

公式（7.21）中，τ_n 和 $e = [\eta_1 - E(\eta_1 \mid \Delta X)]$ 随机向量都是 $n \times 1$ 维，τ_n 的元素都为 1，$\theta = (\theta_0, \theta_1^T)^T$ 参数向量为 $(KT+1) \times 1$ 维，$\Delta \tilde{X} = (\tau_n, \Delta X)$ 。公式（7.20）和公式（7.21）中 X_{it} 具有严格外生性，且均呈线性函数形式，随机误差项在正态分布条件下，对数似然函数为：

$$\log L = -\frac{nT}{2}\log(2\pi) - \frac{nT}{2}\log(\sigma_\varepsilon^2) - \frac{1}{2}\log|\Omega^f| - \frac{1}{2\sigma_\varepsilon^2}\Delta u^T \Omega^{f\,-1} \Delta u \tag{7.22}$$

其中，

$$\Delta u = \begin{pmatrix} \Delta Y_1 - \Delta \tilde{X}^T \theta \\ \Delta Y_2 - \rho \Delta Y_1 - \Delta X_2^T \beta \\ \vdots \\ \Delta Y_T - \rho \Delta Y_{T-1} - \Delta X_T^T \beta \end{pmatrix} \tag{7.23}$$

最大化公式（7.22），对于给定 σ_{ε}^{2} ，得到 θ 的 QML 估计：

$$\hat{\theta}_{QML} = [X^{T}\Omega^{f-1}X]^{-1}\Delta X^{T}\Omega^{f-1}\Delta Y \tag{7.24}$$

σ_{ε}^{2} 的 QML 估计为：

$$\hat{\sigma}_{\varepsilon}^{2} = \frac{1}{nT}\Delta u(\delta)^{T}\Omega^{f-1}Y^{*}\Delta u(\delta) \tag{7.25}$$

其中，

$$\Delta Y = \begin{pmatrix} \Delta Y_1 \\ \Delta Y_2 \\ \vdots \\ \Delta Y_T \end{pmatrix}, \Delta X = \begin{pmatrix} 0_{n\times p} & 0_{n\times 1} & \Delta\tilde{X} \\ \Delta X_2 & \Delta Y_1 & 0_{n\times k} \\ \vdots & \vdots & \vdots \\ \Delta X_T & \Delta Y_{T-1} & 0_{n\times k} \end{pmatrix} \tag{7.26}$$

得到 θ 和 σ_{ε}^{2} 的估计后，参数 $\delta = (\lambda, \gamma, \rho)$ 的对数似然函数如下：

$$\log L = -\frac{n(T+1)}{2}[\log(2\pi)+1] - \frac{n(T+1)}{2}\log(\hat{\sigma}_{\varepsilon}^{2}) - \frac{1}{2}\log|\Omega^{f}| \tag{7.27}$$

最大化公式（7.27），$\delta = (\lambda, \gamma, \rho)$ 的 QML 估计就可得到。

2. 动态空间面板模型的 GMM 估计

动态空间面板模型的一般形式如下：

$$Y_{it} = \lambda WY_{it} + \gamma Y_{it-1} + \rho WY_{it-1} + X_{it}^{T}\beta + \alpha_i + \varepsilon_{it} \tag{7.28}$$

离差正交变换矩阵左乘公式（7.28）两端，可得到如下公式：

$$\Gamma Y_{it} = \lambda W\Gamma Y_{it} + \gamma\Gamma Y_{it-1} + \rho W\Gamma Y_{it-1} + \Gamma X_{it}^{T}\beta + \Gamma\alpha_i + \Gamma\varepsilon_{it} \tag{7.29}$$

其中，Γ 为离差正交变换矩阵，$\Gamma\alpha_i = 0, \Gamma Y_{it} = Y_{it}^{*}, \Gamma Y_{it-1} = Y_{it}^{*}$，$\Gamma X_{it} = X_{it}^{*}, \Gamma\varepsilon_{it} = \varepsilon_{it}^{*}$ ，则模型转化为：

$$Y_{it}^{*} = \lambda WY_{it}^{*} + \gamma Y_{it-1}^{*} + \rho WY_{it-1}^{*} + X_{it}^{*}\beta + \varepsilon_{it}^{*} \tag{7.30}$$

离差正交变换后，尽管通过 $\Gamma\alpha_i = 0$ ，去掉了个体效应，避免出现“冗余参数”（nuisance parameter）问题[①]，但离差正交变换后带来了内生性问题，即 $Cov(Y_{it-1}^{*},\varepsilon_{it}^{*})\neq 0$。为提高参数估计的有效性，需去除模型中内生性问题。基于上述分析，具体可知 $Cov(Y_{it-1}^{*},\varepsilon_{it}^{*})\neq 0$，$Cov(WY_{it-1}^{*},\varepsilon_{it}^{*})\neq 0$，找出 Y_{it-1}^{*} 和 WY_{it-1}^{*} 的工具变量，是 GMM 估计的重点。Y_{it-1}^{*} 与 $X_{it}^{*}, t=1,2,\cdots,T$ 及 $Y_{it-j}^{*}, j=2,3,\cdots,T$ 高度相关，同理，WY_{it-1}^{*} 与 $WX_{it}^{*}, t=1,2,\cdots,T$ 及 $WY_{i0}^{*},\cdots,WY_{it-2}^{*}$ 也高度相关，都满足工具变量条件，因此公式（7.30）的整体工具变量集合[②]可表示为：

$$\Xi_{it}=(X_{it}^{*},Y_{i0}^{*},Y_{i1}^{*},\cdots,Y_{it-2}^{*},WX_{it}^{*},WY_{i0}^{*},WY_{i1}^{*},\cdots,WY_{it-2}^{*}) \tag{7.31}$$

满足正交的条件如下：

$$\Xi_{it}^{T}\varepsilon_{it}^{*}=0 \tag{7.32}$$

最小化公式（7.32）矩方程加权平方和，便可得到 GMM 估计结果。

此外，大样本条件下 QML 估计和 GMM 估计性质有所不同。大样本条件下，当扰动项非正态时，拟极大释然估计量的渐进效率可以被进一步提高。当扰动项正态分布时候，最佳广义矩估计量和拟极大似然估计量渐进等价，而当扰动项非正态分布时，最佳广义矩估计量具有比拟极大似然估计量更高的渐进效率。

（二）动态空间面板模型估计方法的 Monte-Carlo 模拟

在动态空间面板模型的 QML 估计和 GMM 估计这两种方法中，哪种估计方法效果好，目前还没有一致的定论，在实际应用中，采取哪一种方法，还需进一步讨论。利用 Monte-Carlo 模拟方法能近似

---

① 冗余参数的存在会使所感兴趣的参数的推断问题复杂化，可见 Wooldridge（2012）。

② J. Alvarez，M. Arellano. “The time series and cross – section asymptotics of dynamic panel data estimators，” *Econometrica*，2003，71：1121 –1159.

判断 QML 估计和 GMM 估计的效果，从而可为本书选择动态空间面板模型估计方法提供依据。设计两种情况的数据生成过程（DGP）如下：

$$Y_{it} = 0.2 \times WY_{it} + 0.1 \times Y_{it-1} + 0.3 \times WY_{it-1} + 0.5 \times X_{it} + \alpha_i + \varepsilon_{it}$$

$$Y_{it} = 0.3 \times WY_{it} + 0.2 \times Y_{it-1} + 0.4 \times WY_{it-1} + 0.6 \times X_{it} + \alpha_i + \varepsilon_{it} \quad (7.34)$$

其中 X_{it} 、α_i 、ε_{it} ，由 Matlab 生成随机数，且为相互独立正态分布。鉴于 2000 ~ 2017 年的时间跨度为 18 年，样本数据为 30 个省份，设定 $T = 18$ ，$N = 30$，采用三种空间权重矩阵分别进行两种情况的数据模拟过程。通过计算参数估计结果的偏差来评价 QML 和 GMM 这两种估计方法。模拟结果具体见表 7 – 5 和表 7 – 6。

表 7 – 5　QML 的 Monte-Carlo 模拟

空间权重矩阵	模拟过程 a			模拟过程 b		
	Bias	RMSE	SD	Bias	RMSE	SD
反距离	0.717	0.842	0.275	0.603	0.498	0.646
空间近邻	0.276	0.779	0.431	0.324	0.637	0.262
4 阶邻近	0.328	0.234	0.803	0.582	0.530	0.746

注：通过 Matlab 计算得到。

表 7 – 6　GMM 的 Monte-Carlo 模拟

空间权重矩阵	模拟过程 a			模拟过程 b		
	Bias	RMSE	SD	Bias	RMSE	SD
反距离	0.572	0.508	0.126	0.715	0.304	0.433
空间近邻	0.623	0.715	0.362	0.127	0.208	0.160
4 阶邻近	0.103	0.201	0.275	0.430	0.351	0.512

注：通过 Matlab 计算得到。

通过比较 QML 和 GMM 的估计结果，发现在数据生成过程 a 中，除空间近邻权重矩阵偏差 Bias 外，其他 GMM 估计结果的偏差小于

QML 估计结果；在数据生成过程 b 中，除反距离空间权重矩阵偏差 Bias 外，其他 GMM 估计结果的偏差也小于 QML 估计结果。对于上述两种模拟过程，GMM 估计效果较好，因此本书采用 GMM 估计方法。

（三）我国制造业转型升级方向和速度影响因素的检验结果

动态空间面板模型设定的一般形式为：

$$Y_{it} = \alpha_i + \rho W Y_{it} + \beta Y_{it-1} + X_{it}^T \gamma + \mu_{it} \tag{7.35}$$

其中 α_i 为个体效应，ρ 为空间自回归系数，W 为空间权重矩阵，Y_{it} 为被解释变量向量，β 为时间维度自回归系数，X_{it} 为解释变量向量。鉴于前述我国区域制造业的行业结构超前系数和制造业转型升级速度 Lilien 指数、行业结构矢量夹角值和行业结构年均变动值存在空间相关性，构建模型如下：

$$y_{it} = \alpha_i + \rho W \times y_{it} + \beta y_{it-1} + \gamma_1 X_{1it} + \gamma_2 X_{2it} + \gamma_3 X_{3it} + \gamma_4 X_{4it} + \gamma_5 X_{5it} + \gamma_6 X_{6it} + \varepsilon_{it} \tag{7.36}$$

公式（7.36）中，y_{it} 为 i 地区时间 t 的制造业转型升级方向和速度，X_{1it} 为 i 地区时间 t 的技术创新水平，X_{2it} 为 i 地区时间 t 的人力资本，X_{3it} 为 i 地区时间 t 的要素禀赋，X_{4it} 为 i 地区时间 t 的所有制结构，X_{5it} 为 i 地区时间 t 的 FDI 水平，X_{6it} 为 i 地区时间 t 的出口水平。

为避免出现“冗余参数”（nuisance parameter）问题，动态空间面板模型通过离差正交变换后，去掉个体效应，如果直接采用最大似然估计，无法满足模型中原有的空间自回归结构，也带来了模型的内生性问题，从而导致不能获得一致估计。GMM 估计不需要定义空间自回归结构，只需要满足矩条件，为提高模型稳健性和渐进性，按照 Lee 和 Yu 的思路①，通过离差正交变换后，本书采用 GMM 估

① Lung-fei Lee and Jihai Yu. “Efficienct GMM estimation of spatial dynamic panel data models with fixed effects,” *Journal of Econometrics*, 2014, 180: 174 - 197.

计模型（7.36）。

为了保证回归结果的稳健性，本书选择制造业中技术密集型行业结构超前系数和制造业转型升级速度的 Lilien 指数、行业结构矢量夹角值、行业结构年均变动值分别作为被解释变量进行空间 GMM 估计，表 7－7 是模型系数估计的结果。

表 7－7 GMM 估计结果

	模型 1 结构超前系数	模型 2 Lilien 指数	模型 3 结构矢量夹角值	模型 4 结构年均变动值
y_{it}	0.0160***	0.0188**	0.0367**	0.0839***
y_{it-1}	0.0749**	0.0757**	0.0132**	0.0244**
X_{1it}	0.9067**	0.2758*	0.3010**	0.9240*
X_{2it}	1.0431	1.0081	1.0837	1.0582
X_{3it}	0.7180	0.9070	0.3495	0.5438
X_{4it}	0.4329***	0.4889**	0.9784**	0.2365***
X_{5it}	0.4271**	0.2895**	0.7731**	0.1886***
X_{6it}	1.0108**	1.0470***	1.0343***	1.0363*
Sargan 检验	0.272	0.261	0.234	0.287

注：*，**，*** 分别表示在显著性水平 10%、5%、1% 下显著。笔者利用 Matlab 编程进行计算。

在制造业转型升级方向和速度影响因素实证研究中，本书采用模型 1 分析技术创新、人力资本、要素禀赋、所有制结构、外资技术溢出和出口水平对制造业技术密集型行业结构超前系数的影响。模型 2 分析技术创新、人力资本、要素禀赋、所有制结构、外资技术溢出和出口水平对 Lilien 指数的影响。模型 3 分析技术创新、人力资本、要素禀赋、所有制结构、外资技术溢出和出口水平对行业结构矢量夹角值的影响。模型 4 分析技术创新、人力资本、要素禀赋、所有制结构、外资技术溢出和出口水平对行业结构年均变动值的影响。

在模型 1 回归结果中，X_{1it}、X_{2it}、X_{3it}、X_{6it} 对制造业转型升级方向的影响较为突出，其中 X_{6it} 最大，影响系数达 1.0108，技术创新、人力资本、要素禀赋和出口水平对制造业行业结构变动方向影响尤为突出，所有制结构和外资技术溢出的影响较弱，可见内部因素影响程度大于外部因素。在模型2回归结果中，X_{2it}、X_{3it}、X_{6it}对制造业转型升级速度 Lilien 指数的影响较高，其中 X_{6it} 最大，影响系数达1.0470，据此要素禀赋、人力资本和出口水平对制造业内部劳动力转移速度的影响较高，技术创新、所有制结构和外资技术溢出的影响较弱，内部因素影响程度大于外部因素。在模型3回归结果中，X_{2it}、X_{4it}、X_{5it}、X_{6it}对制造业行业结构矢量夹角值的影响较高，其中 X_{2it} 最大，影响系数达1.0837，可见人力资本、所有制结构、外资技术溢出和出口水平对制造业行业结构矢量夹角值的影响较高，且外部因素影响程度大于内部因素。在模型4回归结果中，X_{1it}、X_{2it}、X_{3it}、X_{6it}对制造业行业结构年均变动值的影响较高，其中 X_{2it} 最大，影响系数达1.0582，可见技术创新、人力资本、要素禀赋和出口水平对制造业行业结构变化均值的影响较大，且内部因素影响程度大于外部因素。

从技术创新对制造业转型升级方向和速度影响效果看，在模型1和模型4中技术创新的影响较高，对行业结构演进方向及行业结构年均变动值影响尤为突出，在推动制造业结构高级化进程中发挥了重要作用。从人力资本对制造业转型升级方向和速度影响效果看，在模型1、模型2、模型3和模型4中其影响系数都较高，无论是转型升级方向还是转型升级速度，其在推动制造业转型升级的进程中，都发挥了突出的作用。从要素禀赋对制造业转型升级水平影响效果看，在模型1和模型2中其影响系数较高，对行业结构演进方向及劳动力转移速度的影响较为突出。从所有制结构对制造业转型升级方向和速度影响效果看，仅在模型3中其影响系数较高，对行业结构矢量夹角值影响较大。从外资技术溢出对制造业转型升级方向和速度影响效果看，仅在模型4中其影响系数较高，对制造业行业结构年均变动值影响较大。从出口水平对制造业转型升级方向和速度影响效果看，在模型1、模型2、模型3和模型4中其影响系数都较高，无论是转型升级方向还是转型升级速度，在制造业转型升级的进程中，其都发挥了十分重要的作用。

从转型升级水平滞后项影响程度看，在4个模型中，模型1和模型2的影响系数稍高，由此可见，制造业转型升级方向和劳动力转移速度受到路径依赖的影响程度，大于制造业行业结构矢量夹角值和行业结构年均变动值受到路径依赖的影响程度，这与行业结构超前系数和Lilien指数考虑到了行业发展有关。

综合上述分析，比较模型1、模型2和模型3的回归结果，在转型升级的进程中，人力资本和出口水平对制造业转型升级方向和速度影响最大，其次为技术创新和要素禀赋，总体而言，内部因素对制造业转型升级的影响大于外部因素。从转型升级路径依赖性因素影响程度看，制造业行业结构超前系数和劳动力转移速度受到的影响要大于行业结构矢量夹角值和行业结构年均变动值。在制造业转型升级的过程中，行业间要素的流动速度和发挥的作用具有时间滞后性，而且企业对先进技术的吸收、行业的技术溢出效应、生产要素的优化配置也都具有一定的时间滞后性。

第四节　我国制造业转型升级效率影响因素的空间Tobit模型分析

（一）空间Tobit模型的设定及估计

在现有相关研究中，存在三种空间Tobit模型，即同时空间自回归Tobit模型、潜空间自回归Tobit模型和潜空间误差Tobit模型。三种模型分别为：

$$y_{it} = \max(0, \lambda \sum_{j=1}^{n} w_{ij,t} y_{jt} + x_{it}^{T}\beta + \varepsilon_{it}) \tag{7.37}$$

$$y_{it} = \max(0, y_{it}^{*}), 其中\ y_{it}^{*} = \lambda \sum_{j=1}^{n} w_{ij,t} y_{jt}^{*} + x_{it}^{T}\beta + \varepsilon_{it} \tag{7.38}$$

$$y_{it} = \max(0, y_{it}^{*})，其中\ y_{it}^{*} = x_{it}^{T}\beta + u_{it},\ u_{it} = \lambda\sum_{j=1}^{n} w_{ij,t}u_{jt} + \varepsilon_{it} \qquad (7.39)$$

公式（7.37）和公式（7.38）的空间相关性表现在因变量上，而公式（7.39）的空间相关性表现在误差项上。为使空间 Tobit 模型设定合理，通常采用 KP 方法和 LM 方法进行检验。KP 方法和 LM 方法，分别由 Kelejian 及Prucha①、Xi Qu 和李龙飞（2011）提出。

KP 方法是通过构造 Moran I 型统计量，进行检验空间相关性，其具体公式如下：

$$KP = \frac{e_t^{T}W_t e_t}{\tilde{\sigma}_{Q_n}} \xrightarrow{d} N(0,1) \qquad (7.40)$$

公式（7.40）中，$e_t = [y_{1t} - E\tilde{\theta}(y_{1t}|x_{1t}), \cdots y_{nt} - E\tilde{\theta}(y_{nt}|x_{nt})]^{T}$，$\tilde{\sigma}_{Q_n}^{2} = tr(W_t\hat{\Sigma}_t W_t\hat{\Sigma}_t + W_t^{T}\hat{\Sigma}_t W_t\hat{\Sigma}_t)$，$\hat{\Sigma}_t = diag[Var(y_{it}|x_{it})]$，$W_t$ 是空间权重矩阵。

对于 LM 方法，首先是通过 $\beta^{*} = \beta/\sigma$、$h = 1/\sigma$，将原模型参数向量（λ, β, σ）转化为 θ =（λ, β^{*}, h），利用 α =（β^{*}, h），在 $H_0: \lambda = 0$ 条件下，空间 Tobit 模型似然函数的得分向量 $g(\alpha)$ 为：

$$g(\alpha) = \frac{\partial \ln L(0,\alpha)}{\partial\lambda} = \sum_{i=1}^{n}\left[I(y_{it} = 0)\frac{-\varphi(x_{it}^{T}\beta^{*})}{1-\varphi(x_{it}^{T}\beta^{*})} + I(y_{it} > 0)(hy_{it} - x_{it}^{T}\beta^{*})\right]hw_{it}y_{it} \qquad (7.41)$$

$\varphi(\cdot)$ 和 $I(\cdot)$ 分别为标准正态分布函数和指标函数。按照中值定理，由 $\bar{\alpha} \in$（$\alpha_0, \hat{\alpha}$）得到下式：

$$Q(\alpha) = g(\alpha) - E\left[\frac{\partial g(\alpha)}{\partial\alpha^{T}}\right]\left\{E\left[\frac{\partial^{2}\ln_{ns}(\alpha)}{\partial\alpha\partial\alpha^{T}}\right]\right\}^{-1}\frac{\partial\ln_{ns}(\alpha)}{\partial\alpha} \qquad (7.42)$$

---

① Kelejian, H., Prucha, I. "On the asymptotic distribution of the Moran I test statistic with application," *Journal of Econometrics*, 2001, 104: 219-257.

$\ln_{ns}(\alpha)$ 不存在空间相关性。$H_0:\lambda=0$ 条件下，通过相关大数定律和中心极限定理证明，可得到如下 LM 统计量：

$$LM=\frac{g_n(\hat{\alpha})}{\hat{\sigma}_{Q_n}}\xrightarrow{d}N(0,1) \tag{7.43}$$

$g_n(\hat{\alpha})$ 和 $\hat{\sigma}_{Q_n}$ 分别为 $g(\alpha)$ 和 $Q(\alpha)^{1/2}$ 的样本估计。通过 $\hat{\alpha}=(\tilde{\beta}^*,\tilde{h})$，$g_n(\hat{\alpha})$ 形式如下：

$$\begin{aligned} g_{SSAR}(\hat{\alpha}) &= \sum_{i=1}^{n}\left[I(y_{it}=0)\frac{-\varphi(x_{it}^T\tilde{\beta}^*)}{1-\varphi(x_{it}^T\tilde{\beta}^*)}+I(y_{it}>0)(\tilde{h}y_{it}-x_{it}^T\tilde{\beta}^*)\right]\tilde{h}w_{it}y_{it} \\ &= \tilde{h}^2\sum_{i=1}^{n}\left[I(y_{it}=0)E_{\hat{\alpha}}(\varepsilon_{it}\mid y_{it}=0)+I(y_{it}>0)e_{it}\right]w_{it}y_{it} \\ &= \tilde{h}^2\sum_{i=1}^{n}E_{\hat{\alpha}}(\varepsilon_{it}\mid y_{it})w_{it}y_{it} \end{aligned} \tag{7.44}$$

给定 $y_{it}=0$ 条件时，$E_{\hat{\alpha}}(\varepsilon_{it}|y_{it}=0)$ 为 ε_{it} 的条件均值，e_{it} 为残差。$E_{\hat{\alpha}}(\varepsilon_{it}|y_{it})=I(y_{it}=0)E_{\hat{\alpha}}(\varepsilon_{it}|y_{it}=0)+I(y_{it}>0)e_{it}$ 为“广义残差”。$H_0:\lambda=0$ 情况下，同时空间自回归 Tobit 模型的 LM 检验统计量为：

$$LM_{SSAR}=\frac{g_{SSAR}(\hat{\alpha})}{\hat{\sigma}_{Q_n}}\xrightarrow{d}N(0,1) \tag{7.45}$$

考虑到检验需采用 KP 方法和 LM 方法，因此本书采用 MLE 方法进行参数估计。同时空间自回归 Tobit 模型的 MLE 估计方法思想如下：

$$\begin{aligned} Y_t^* &= \lambda W_t Y_t + X_t\beta+\varepsilon_t \\ y_{it} &= y_{it}^* I(y_{it}^*>0) \end{aligned} \tag{7.46}$$

其中 $Y_t=(y_{1t},\cdots,y_{nt})^T$，$Y_t^*=(y_{1t}^*,\cdots,y_{nt}^*)^T$，$X_t=(X_{1t},\cdots,X_{nt})$ 是 $n\times k$ 维解释变量，$\beta=(\beta_1,\cdots,\beta_k)^T$ 是 $k\times 1$ 维向量，$\varepsilon_t=(\varepsilon_{1t},\cdots,\varepsilon_{nt})^T$ 均为 $n\times 1$ 维向量，λ 是标量，W_t 是 $n\times n$ 的空间权重矩

阵。公式（7.46）分块矩阵形式如下：

$$Y_t = \begin{pmatrix} Y_{1t} \\ Y_{2t} \end{pmatrix}, \varepsilon_t = \begin{pmatrix} \varepsilon_{1t} \\ \varepsilon_{2t} \end{pmatrix}, X_t\beta = \begin{pmatrix} X_{1t}\beta \\ X_{2t}\beta \end{pmatrix}$$

$$Y_t^* = \begin{pmatrix} Y_{1t}^* \\ Y_{2t}^* \end{pmatrix}, W_t = \begin{pmatrix} W_{11t} & W_{12t} \\ W_{21t} & W_{21t} \end{pmatrix}$$

那么 $Y_t^* = \lambda W_t Y_t + X_t\beta + \varepsilon_t$ 就可写成：

$$\left(\frac{Y_{1t}^*}{Y_{2t}^*}\right) = \lambda\left(\frac{W_{11t}}{W_{21t}}\frac{W_{12t}}{W_{22t}}\right)\left(\frac{Y_{1t}}{Y_{2t}}\right) + \left(\frac{X_{1t}\beta}{X_{2t}\beta}\right) + \left(\frac{\varepsilon_{1t}}{\varepsilon_{2t}}\right) \tag{7.47}$$

给定 $Y_{1t} = 0$，Y_{2t} 中元素都为正数，由此可得 $Y_{1t}^* = \lambda W_{12t} Y_{2t} + X_{1t}\beta + \varepsilon_{1t}$ 和 $Y_{2t} = \lambda W_{22t} Y_{2t} + X_{2t}\beta + \varepsilon_{2t}$。给定有 m 个 $y_{1t} = 0$，$\varepsilon_t \sim N(0, \sigma^2 I_n)$，则同时空间自回归 Tobit 模型的对数似然函数为：

$$\begin{aligned}
\sum_{t=1}^{T} \ln f(Y_t \mid \lambda,\beta,\sigma^2) &= \sum_{t=1}^{m} \ln f(Y_{1t} \mid Y_{2t},\lambda,\beta,\sigma^2) + \sum_{m+1}^{T} \ln f(Y_{2t} \mid \lambda,\beta,\sigma^2) \\
&= \sum_{t=1}^{m} \ln P(Y_{1t}^* \leqslant 0 \mid Y_{2t},\lambda,\beta,\sigma^2) + \sum_{m+1}^{T} \ln f(Y_{2t} \mid \lambda,\beta,\sigma^2) \\
&= \sum_{t=1}^{m} \ln\left[1 - \frac{\varphi(\lambda W_{12t} Y_{2t} + X_{1t}\beta)}{\sigma}\right] - \frac{T-m}{2}\ln(2\pi\sigma^2) + \ln|I_{T-m} - \lambda W_{22t}| \\
&\quad - \frac{1}{2\sigma^2}[(I_{T-m} - \lambda W_{22t})Y_{2t} - X_{2t}\beta]^T \times [(I_{T-m} - \lambda W_{22t})Y_{2t} - X_{2t}\beta] \\
&= \sum_{t=1}^{T} I(y_{it} = 0)\ln\left[1 - \frac{\varphi(\lambda W_{12t} Y_{2t} + X_{1t}\beta)}{\sigma}\right] \\
&\quad - \sum_{t=1}^{T} \frac{1}{2} I(y_{it} > 0)\left[\ln(2\pi\sigma^2) + \frac{1}{\sigma^2}(y_{1t} - w_{it}y_{it} - x_{it}^T\beta)^2\right] + \ln|I_{T-m} - \lambda W_{22t}|
\end{aligned}$$

通过 $\beta^* = \beta/\sigma$、$h = 1/\sigma$，将原模型参数向量 (λ,β,σ) 转化为 $\theta = (\lambda,\beta^*,h)$。根据 Olsen（1978）的方法，则对数似然函数如下：

$$\begin{aligned}
\ln L_n(\theta) = \sum_{t=1}^{T} I(y_{it} = 0)\ln[1 - \varphi(\lambda h W_t Y_t + X_{it}^T\beta)] - \sum_{t=1}^{T} \frac{1}{2} I(y_{it} > 0)[\ln(2\pi/h^2) \\
+ h(y_{1t} - w_{it}y_{it} - x_{it}^T\beta)^2] + \ln|I_{T-m} - \lambda W_{22t}|
\end{aligned}$$

（二）我国制造业转型升级效率的空间相关性检验

通过 Getis 指数、Geary 指数和 Moran 指数检验我国制造业转型升级效率的空间相关性，我国制造业转型升级效率静态性特征值和我国制造业转型升级效率动态性特征值的空间相关性检验结果分别见表7－8和表7－9。

表7－8　我国制造业转型升级效率静态性特征值检验（2008～2017年）

年份	空间邻接权重矩阵 W		
	Getis 指数	Geary 指数	Moran 指数
2008	0.8801*	0.9015	0.0038
2009	0.7668**	0.6830**	0.2055***
2010	0.9170***	0.6042***	0.2611***
2011	0.8653**	0.6509	0.2762***
2012	0.8919***	0.6027**	0.3129***
2013	0.9126*	0.5534*	0.3143***
2014	0.7532**	0.4308***	0.3137***
2015	0.8834**	0.3770**	0.2754***
2016	0.8605**	0.3643***	0.3490***
2017	0.7527**	0.3751***	0.3176***

注：* 代表10%检验水平显著，** 代表5%检验水平显著，*** 代表1%检验水平显著。

从表7－8的检验结果看，Geary指数和Moran指数检验结果类似，仅2008年Geary指数和Moran指数不显著，2009～2017年Geary指数和Moran指数值均显著，进一步表明我国区域间制造业转型升级效率静态性特征值的空间相关性且呈上升趋势。Getis指数检验结果也表明我国区域间制造业转型升级效率静态性特征值存在空间相关性。

表7－9　我国制造业转型升级效率动态性特征值检验（2008～2017年）

年份	空间邻接权重矩阵 W		
	Getis 指数	Geary 指数	Moran 指数
2008	0.2319*	0.2380*	0.2506*
2009	0.2748*	0.2415*	0.2723*
2010	0.2587*	0.2493*	0.2182*
2011	0.3217**	0.2277*	0.3910***

续表

年份	空间邻接权重矩阵 W		
	Getis 指数	Geary 指数	Moran 指数
2012	0.2795 *	0.3712 ***	0.3542 *
2013	0.4334 ***	0.2846 **	0.3707 ***
2014	0.2416 *	0.3805 **	0.3721 *
2015	0.3178 **	0.3029 **	0.3890 ***
2016	0.4063 ***	0.2751 *	0.3215 **
2017	0.2108 *	0.4274 ***	0.3943 ***

注：* 代表10%检验水平显著，** 代表5%检验水平显著，*** 代表1%检验水平显著。

从表7-9的检验结果看，Getis 指数、Geary 指数和 Moran 指数检验结果均显示我国区域间制造业转型升级效率动态性特征值呈现出空间相关性，其中 Moran 指数值呈现波动性上升。

（三）实证结论

忽略空间因素分析我国制造业转型升级效率影响因素，会产生偏误。前述检验结果表明我国制造业转型升级效率存在空间相关性，而且其效率值仅仅在区间［0,1］之内，因变量受限。鉴于这种情况，为减少偏误，提高模型估计有效性，本书采用空间 Tobit 模型分析我国制造业转型升级效率的影响因素。空间 Tobit 模型设定形式如下：

$$y_{it}^* = \rho W \times y_{it} + \beta_1 X_{1it} + \beta_2 X_{2it} + \beta_3 X_{3it} + \beta_4 X_{4it} + \beta_5 X_{5it} + \beta_6 X_{6it} + \varepsilon_{it}$$

$$y_{it} = y_{it}^* I(y_{it}^* > 0) \tag{7.48}$$

公式（7.48）中，y_{it} 为 i 地区时间 t 的制造业转型升级效率，y_{it}^* 为 i 地区时间 t 的潜变量，X_{1it} 为 i 地区时间 t 的技术创新水平，X_{2it} 为 i 地区时间 t 的人力资本，X_{3it} 为 i 地区时间 t 的要素禀赋，X_{4it} 为 i 地区时间 t 的所有制结构，X_{5it} 为 i 地区时间 t 的 FDI 水平，X_{6it} 为 i 地区时间 t 的出口水平。W 是空间加权矩阵。本书选用 GMM 和 MLE 方法估计模型（7.48），结果如表7-10所示。

表 7-10 制造业转型升级效率的空间 Tobit 模型估计结果

	静态性特征		动态性特征	
	GMM 估计	MLE 估计	GMM 估计	MLE 估计
ρ	0.0087***	0.0064***	0.0768**	0.0291*
β_1	0.1332*	0.1500*	0.2623**	0.6650***
β_2	1.0040	1.0091	0.5733*	0.6342*
β_3	0.1332	0.1611	0.0508*	0.4909**
β_4	0.1742*	0.1924	0.4120***	0.5637***
β_5	0.1196***	0.1981**	0.3409**	0.6334**
β_6	1.0817**	1.0070**	2.0603**	2.4675***

注：*代表 10% 检验水平显著，**代表 5% 检验水平显著，***代表 1% 检验水平显著。

1. 制造业转型升级效率静态性特征估计结果

表 7-10 中空间 Tobit 模型估计结果显示，GMM 估计和 MLE 估计结果具有一致性，制造业内、外部因素都对转型升级效率静态性特征产生了正向影响，但影响程度不尽相同。内部因素中 β_2 对转型升级效率静态性特征的影响系数最高，MLE 估计结果为 1.0091；而外部因素中 β_6 对转型升级效率静态性特征的影响系数最高，GMM 估计结果为 1.0817，由此可见，区域间的人力资本和出口水平对制造业转型升级效率静态性特征的影响较为显著，并对转型升级效率发挥了重要的作用。具体而言，在内部因素中，技术创新水平和资源禀赋对制造业转型升级效率静态性特征的影响较低，在转型升级过程中还有进一步发挥作用的空间；在外部因素中，所有制结构和外资技术溢出水平对制造业转型升级效率静态性特征的影响程度较低，在转型升级过程中的作用有待发挥。

2. 制造业转型升级效率动态性特征估计结果

制造业转型升级效率动态性特征作为被解释变量，利用空间 Tobit 模型分析其影响因素，估计结果见表 7-10。内部因素中 β_1 和 β_2 对制造业转型升级效率动态性特征的影响系数最高，MLE 估计数值分别为 0.6650、0.6342，外部因素中 β_6 对制造业转型升级效率动态性特征的影响系数最高，MLE 估计数值为 2.4675，由此可见，技术创新、人力资本和出口水平对制造业转型升级效率动态性特征作用尤为突出。此外，资源禀赋、所有制结构和外资技术溢出对制造业转型升级效率动态性特征的作用还有待发挥。

综上所述，从制造业转型升级效率的影响因素估计结果中，得出如下的结论。

（1）内部因素中，提高技术创新能力和人力资本水平能极大地提升制造业转型升级效率。具体而言，技术创新对制造业转型升级效率动态性特征的作用大于静态性特征，可见技术创新作用具有时间滞后性。与静态性特征相比，人力资本对制造业转型升级效率动态性特征的作用较小，说明人力资本的作用当期就能发挥。无论是动态性还是静态性，要素禀赋对制造业转型升级效率的作用都有待发挥，说明要素禀赋的固化作用较强。

（2）外部因素中，对外开放程度越高，制造业转型升级效率越高。无论是动态性还是静态性，出口水平对制造业转型升级效率的作用非常显著，说明对我国制造业而言，对外贸易能促进技术转移以及国际竞争提高效率。所有制结构和外资技术溢出对制造业转型升级效率动态性特征的作用大于静态性特征，二者的作用发挥都具有时间滞后性。

第五节　本章小结

技术创新能够在生产过程中提高生产要素的使用效率，技术创新通过影响生产方式，还能进一步引起管理理念和组织形式的变革，是制造业转型升级的内在动力，但制造业转型升级也会受到劳动者素质和要素禀赋的制约。在开放经济的条件下，不同的所有制结构能够产生不同的激励效应，并由此影响我国制造业的增长方式。此外，外商直接投资一直在我国制造业发展中扮演重要角色。出口量的增加会使制造业生产不断扩张，进而形成产业集群，通过系统化、专业化的发展提高了制造业的生产效率，引起制造业发展方式的转变。从制造业内部和外部角度，制造业转型升级影响因素可分为内部因素和外部因素。内部因素包括技术创新、人力资本、要素禀赋，外部因素包括所有制结构、外资技术溢出、出口水平。

为系统分析各因素对制造业转型升级的影响，在第五章测度制造业转型升级方向和速度基础上，利用动态空间面板模型实证分析制造业转型升级方向和速度影响因素的作用效果。在第六章评价制造业转型升级效率的基础上，采用空间 Tobit 模型实证分析制造业转型升级效率影响因素作用效果。结果如下。

1. 我国制造业转型升级方向和速度影响因素分析结果

从技术创新对制造业转型升级方向和速度影响效果看，其对行业结构演进方向及产业结构年均变动值影响尤为突出，在推动制造业结构高级化进程中发挥了重要作用。从人力资本对制造业转型升级方向和速度影响效果看，其影响系数都较高，无论是转型升级方向还是转型升级速度方面，其在推动制造业转型升级的进程中，都发挥了十分突出的作用。从要素禀赋对制造业转型升级方向和速度影响效果看，其对行业结构演进方向及劳动力转移速度的影响较大。从所有制结构对制造业转型升级方向和速度影响效果看，其仅对制造业行业结构矢量夹角值影响较为突出。此外，从外资技术溢出效应对制造业转型升级方向和速度影响效果看，其仅对制造业行业结构年均变动值影响较大。从出口水平对制造业转型升级方向和速度影响效果看，无论是转型升级方向、劳动力转移速度、行业结构矢量夹角值还是行业结构年均变动值，在制造业转型升级的进程中，都发挥了十分重要的作用。从制造业转型升级方向和速度滞后项影响程度看，与其他影响因素相比，滞后项的影响系数较弱。制造业行业结构超前系数和劳动力转移速度受到路径依赖的影响程度，大于制造业行业结构矢量夹角值和行业结构年均变动值，这与行业结构超前发展系数和 Lilien 指数的测度都考虑到了行业的发展有关。

综合上述分析，比较转型升级方向和转型升级速度的测度结果，在转型升级的进程中，人力资本和出口水平对制造业转型升级水平影响最大，其次为技术创新和要素禀赋，总体而言，内部因素对制造业转型升级的影响大于外部因素。在制造业转型升级方向和速度路径依赖性因素受到的影响中，转型升级方向和劳动力转移速度受到的影响要大于制造业行业结构矢量夹角值和行业结构年均变动值。在制造业转型升级的过程中，行业间要素的流动速度和发挥的作用具有时间滞后性，而且企业对先进技术的吸收、行业间的技术溢出效应、生产要素的优化配置都具有一定的时间滞后性。

2. 我国转型升级效率影响因素分析结果

内部因素中，提高技术创新能力和人力资本水平能极大地提升制造业转型升级效率。具体而言，技术创新对制造业转型升级效率动态性特征的作用大于静态性特征，可见技术创新作用具有时间滞后性。与静态性特征相比，人力资本对制造业转型升级效率动态性特征的作用较小，说明人力资本的作用当期就能发挥。无论是动态性还是静态性，要素禀赋对制造业转型升级效率的作用都有待发挥，说明要素禀赋的固化作用较强。

外部因素中，对外开放程度越高，制造业转型升级效率越高。无论是动态性还是静态性，出口水平对制造业转型升级效率的作用都非常显著，说明对我国制造业而言，对外贸易能促进技术转移以及国际竞争效率提高。所有制结构和外资技术溢出对制造业转型升级效率动态性特征的作用大于静态性特征，二者的作用发挥都具有时间滞后性。

第八章　加快我国制造业转型升级的对策建议

第一节　提高生产要素质量，加快新旧动能转换

要实现新常态下制造业转型升级，需提高生产要素质量。目前，转型升级受到世界制造业发展趋势和经济环境变化等多重因素的影响，制造业转型升级已不再局限于单一的产业结构优化，而是更加注重生产方式的变革、动力转换和价值链升级等。

（一）注重动力转换，切实转变发展方式

在经济发展进入新常态的背景下，信息技术对制造业的影响日益凸显，智能化、网络化和数字化等高技术手段已逐步渗透到制造业发展中。通过长期的技术积累和应用经验，制造业发展中出现了许多新变革和颠覆性的技术突破，新技术的应用改变了传统制造业的生产方式，通过渐进式的影响能够改变传统制造业的生产组织模式，并催生了新的产业形态。党的十八大报告也指出，创新驱动是加快转变经济发展方式的中心环节，是国家创新体系建设的重要内容。面对激烈的市场竞争，要实现我国制造业全面协调可持续发展，需要在市场导向机制的指导下，对要素价格、创新配置和路径选择制订合理的发展计划，将过去资源消耗型的动能转变为以创新知识为动力，切实提高制造业发展质量，以科技发展促进转型升级，同时以转型升级进一步促进科技的发展。

不仅仅在中国，世界制造业都进入了一个革新的时代，要实现制造业发展整体质量和效率的提高，就要扩大科技成果的影响，在科技成果的市场化方面加大要素投入，鼓励新技术与传统制造产品相融合，提高制造产品的科技成分和附加值。同时对于生物技术、电子信息等高技术产业形态，要鼓励其扩大产业规模，加大其在制造业中所占比重，注重技术溢出与技术研发有机结合，通过引进吸收再创新等方式，逐步形成核心竞争力。以数字化、智能化发展作为改造传统制造业的重要手段，通过新技术、组织方式和管理模式等要素的改变，为我国制造业转型升级提供新的动力。

（二）促进价值链升级，提升产品附加值

在全球价值链的影响下，一件产品从开发设计，到后来的生产、销售、售后服务和回收利用等环节，价值的增值活动不再局限于同一地区甚至同一国家，而是分散于全球范围内的多个企业，国际产业分工进一步深化，由产品间的分工逐步转变为产业内分工和产品内分工。因此全球价值链作用下的制造业转型升级，其焦点已成为附加值的提升和扩展，对产品的工艺、功能等提出了更高要求，也带来了新的发展机遇。全球价值链体系能够促进制造业企业在全球范围内引进新技术和新工艺，促进企业提高内部过程的效率，通过淘汰落后产能、落后生产方式来重组生产系统，将企业内部的生产经营活动推向高附加值发展。通过产品升级、功能升级、过程升级和产业链升级等多个维度来促进制造业转型升级，将发展重点主动向设计、开发、营销等高附加值经营活动转变。此外，全球价值链体系能够增加出口行业产品的附加值，实现制造业转型升级中生产效率和产品质量的提升，从而提高产品的国际竞争力。

（三）激发企业创新发展的能动性

企业作为经济发展的基本构成单元，其创新活动对制造业生产

率提高的作用不容忽视，要提高制造业生产要素的质量，就要从提高企业对科学技术的重视程度出发，鼓励企业成为技术创新的主体，以企业转型升级带动制造业转型升级。在企业转型升级行为影响因素中，技术创新是企业转型升级的主要因素，也是内生动力。通过技术创新驱动转型升级涉及投入能力和产出能力有机融合，企业主观能动性对企业的转型升级行为的影响是至关重要的。从创新管理能力、投入能力、制造能力和产出能力等方面激发企业创新发展的能动性。通过强化技术研发的重要地位，研发更加符合市场和企业实际需要的技术成果，提升科技成果在企业中的转化效率，从而生产出高技术附加值的新产品。

第二节　增强创新发展能力，塑造产业竞争新优势

技术进步对生产率的提升具有主导作用，为提高生产率从而促进制造业转型升级，需要从资本和劳动以外的广义技术进步入手，通过劳动手段的现代化和新生产工具的发明利用等方式，提升制造业创新发展能力，从而推动制造业转型升级。

（一）以掌握核心技术为目标，建设自主创新体系

在技术创新促进制造业转型升级的过程中，技术的投入产出发挥着重要的作用。创新作为发展新兴产业、改造传统制造业、促进价值链升级的主要手段，离不开强大的科研创新人才，科学的育才机制能够为创新带来持续的动力。良好的政策和人文环境，重视人才、尊重科学的社会风尚，社会的优质环境和良好的创新氛围，能够为创新发展提供一方沃土。

科技创新的重要作用日益凸显，科学技术是第一生产力已在经济发展的实践中得到了充分的验证。进入信息化时代以来，自主创新能力在创新发展中的地位越发凸显，我国虽然已是世界第

二大经济体，但许多核心的生产环节尚不具备完善的自主创新能力，在企业发展和产业转型中受到诸多制约，为了打破这一约束，既要提高生产能力和技术水平，更要坚持在自主创新的道路上一直走下去，通过不断创新和再创新，在创新的持续运动中不断强化自主创新能力，拉动制造业技术水平的全面提高。我国制造业在国际产业链中尚处于低端环节，除了历史因素和外部环境的制约外，最重要的原因是我国制造业发展缺少具有强大竞争优势的核心技术，在激烈的国际竞争中无法把握先机、赢得主动，在生产要素与市场深度融合的基础上，还需要进一步集中要素资源攻关核心技术难关，紧跟国际发展前沿和创新趋势，在重点领域和关键技术上集中科研力量重点突破，并以此带动全面创新，建立合理高效的自主创新体系，发挥优势领域的原始创新和集成创新，并与产业升级和结构优化紧密结合，最大限度地发挥创新对制造业转型升级的服务功能，着力打造我国制造业产业的竞争新优势。

加快推进自主创新体系建设，应该以企业为原始出发点，以市场为导向，强化对高等院校和科研院所创新成果的吸收利用，推进科研成果与企业生产的深度融合，将产学研协调的发展模式有机融合到企业生产的各个环节，促进创新成果与生产要素的良性互动。自主创新体系建设的实质是通过技术创新来促进核心竞争力的提升，对于过去传统的劳动密集型产业而言，依靠大量资本和劳动力投入所带来的短期生产效率的提高已经难以为继，技术创新作为新生产模式建设的突破口，能够使企业在可持续发展中掌握核心技术，在边际报酬递减规律的作用下，不断为企业提供新的发展动力，有效规避由激烈的市场竞争带来的风险。

伴随着信息化和智能化时代的到来，科技革命引领新一轮产业转型升级，在新的发展机遇面前，要顺利完成制造业的转型升级，不仅需要加大对技术改造和产品升级的投入，还要深度挖掘自主创新在技术创新中的关键作用。通过依靠高精尖的研发团队来增强自主创新的攻关能力，将传统制造业范式转变为知识经济范式，以创新驱动战略作为发展的重中之重，扎实推进创新驱动战略的贯彻落实，进一步建设和完善制造业技术的自主创新体系，建立技术研发孵化基地。在产学研的协调创新中，通过分工协作与有机整合，构建完整的创新发展链条，明确产学研各方面的责任和权利，在增强高校和科研院所创新能力的同时，强化知识产权的导向功能和服务功能，建立风险共担、资源利益共享的长效合作机制，实现企业和科研机构的“优势叠加”。

（二）发挥比较优势，提升现代制造业产业竞争力

资源禀赋使我国制造业获得了比较优势，如自然资源和劳动力成本等，而与发达国家相比目前我国制造业还不具备明显的竞争优势。影响产业竞争力的因素包括资源禀赋、区位条件、技术创新、产业组织和发展环境，而技术创新是关键因素，科学技术的不断进步是产业不断保持和提高竞争力的源泉。我国制造业大而不强，如体现高科技含量的通信设备、计算机及其他电子设备制造业等产业发展相对滞后。创新发展作为一项国家战略，原始创新与开放式创新能够对制造业转型升级起到决定性作用。

党的十八大报告提出要加快建设国家创新体系以来，为了充分发挥现有的比较优势，应加强宏观政策协调，优化科技资源配置。在生产资源使用中避免由于管理分散而导致的资源利用率低下，引导企业利用好比较优势，发挥比较优势在创新发展中的积极作用。同时，利用比较优势还能够促进企业以自身的技术力量攻克技术难关，以此增强技术创新能力，开拓市场、获取竞争优势，从而塑造新的产业优势，这也是我国制造业转型发展的必然之路。

第三节　发展高端制造业，推动产业结构高级化

我国制造业转型升级制约因素仍然存在，因此要以高端制造业发展为突破口，在激烈的市场竞争环境中优化技术结构，从而推动制造业结构的高级化发展。

（一）以大力发展先进制造业为方向，走新型工业化道路

走新型工业化道路首先就要把握先进制造业的发展脉搏，以优质、高效、低耗、无污染或少污染工艺技术为基础，进一步巩固提升我国传统制造业在世界的地位；同时吸收现代管理技术、机械、电子信息等高新技术成果，打造高附加值的制造业生产，加快发展轨道交通设备、航空航天、医药制造等先进制造业。在生产中还要积极促进信息化与制造业的深度融合，以绿色制造、智能制造为发展方向，做强支柱产业、强化比较优势；以优质、高效、低耗、无污染或少污染工艺技术为基础，壮大产业规模、实现规模报酬递增。产业规模的不断壮大也有助于进一步培养具有国际竞争力的龙头企业，加速构建以先进制造业为基础的产业集群，打造一批具有国际影响力的产业基地，形成具有国际竞争力的现代产业体系。

（二）改造提升传统产业，着力发展新兴产业

在现阶段的制造业发展中，应积极适应全球经济变化的新形势，注重引进先进技术装备，提高产品的附加值和竞争力。与传统产业相比，新兴产业在当前的制造业发展中已成为新的增长点，它既包含对传统产业的新发展，也包括新出现的产业形式。作为新兴事物，其尚处于产业发展的初期阶段，因此在各国的发展水平差别不大，我国具有通过颠覆性创新来赶超发达国家的战略机遇。现阶段，我国已经具备比较齐全的制造业发展体系，能够为新兴产业发展提供

良好的基础条件。同时，产业的发展离不开市场需求，而我国作为世界第二大经济体，具有市场规模优势，能够为新兴产业的发展提供有力支持。新兴产业在我国发展势头良好，具备进一步发展的潜力，将其作为未来我国制造业转型发展的主要方向，能够有效推进制造业结构的高级化发展。

第四节　发挥技术溢出效应，打造产业技术优势

通过加强地域间的经济合作和建设产业集群等方式，发挥产业间关联效应等方式能促进企业技术进步，强化技术溢出的正向作用。

（一）提高产业关联度，培育现代制造业生态集群

生态集群是一种以产业关联为基础，以地理靠近为特征，由相互作用、相互依存的组织有机构成的社会“生态群落”。我国大多省份都在致力于打造产业集群，建设各种类型的开发区，应关注技术外溢及产业集群促进制造业转型升级的方式。研究机构和企业群落是生态群落的主体部分，它们按照生产者、消费者和分解者的作用和地位分布在产业链的上中下游，按照生态链和食物链的运作规律进行知识、信息、物质、资金和人才的流动。生态群落具有共享资源，降低研发、生产和交换成本，范围经济和外部经济内化效应的优势。

各个省份作为不同的行政区域，依托自身优势发展的同时，在国际经济合作中还应当进一步完善区域间的联合，建立区域产业经济协作平台。这一协作平台超越行政区划的界限，对区域的功能进行整体规划、统筹安排，就生态环境、基础设施建设等重大问题进行协商，健全区域环境与生态规划，共同建立可持续发展的资源环境体系。加强研究、开发、生产、融资、政府管理及服务部门之间的有机联系，提高产业关联度，充分利用外资技术溢出效应，增强

产业生态集群化效应，使得产业发展与区域经济分工有效地结合起来，从而形成一种有效的生产组织方式，通过引进吸收再创新等方式，通过专业化与交易的便利性创造竞争优势，实现我国制造业形成和构建核心竞争力的目标。

（二）加强地域间产业整合，整合产业资源优化配置

整合产业资源的实质为要素的组合、配置的变化，效率和质量的提高，从而使基于产业链区域分工的产业集群得到快速发展。地域间的产业整合从长远的发展角度看，还要加强交通运输、通信等基础设施建设，促进金融、信息等现代服务领域协作，实现分工协作、资源和利益共享。在此基础上，通过合作共同开拓国际市场，发挥政府作用实行联合招商战略，为区域经济协调发展构建多层次的合作平台。通过建立产业联盟，吸纳技术外溢在企业技术创新中的积极作用，鼓励企业间要素自由流动，协作生产、流通和分配，避免盲目竞争、重复建设，推动高端制造业发展，加快产业转型升级。

我国多个省份地域相连、文化相容，不仅存在经济合作的可行性，潜在的合作空间也很大。例如东部地区服务型制造业、中部地区的装备制造业和西部地区的军民融合制造业基础雄厚，建立以市场经济为基础的合作机制，寻求行业内水平型分工，整合优势产业，顺畅流转生产要素，优化资源配置以实现产业效率和质量的提高。我国区域制造业发展并不协调，因此加强区域经济合作，完善区域产业合作机制、打造多层次合作平台，整合优势产业优化资源配置，对于区域产业结构调整升级、产业协调发展具有十分重要的意义，也是打造我国现代制造业体系发展的要求所在。

（三）推动制造业和服务业互动发展，聚焦服务型制造业

推动生产性服务业与制造业互动发展，有利于技术进步、提高生产效率、促进产业转型升级。依托区域制造业园区，重点推进装

备制造等产业链条长的行业发展，构建具有辐射性区域城市群服务型制造业体系。建设服务型制造业还要注重生产性服务产品的供给，这是因为我国制造业生产结构和产品分工的不科学性，对制造业发展中的生产性服务外包意识薄弱。生产性服务业是以生产性的企业为服务对象，与制造业和农业发展联系紧密，具有知识密集、资本占用高的专业化特征。从生产性服务业发展的地域特点来看，东部地区有较好的产业发展基础，但从价值链的分工角度看，东部地区的制造业处于世界价值链的低端环节，主要集中在出口加工等低附加值产业阶段，发展生产性服务业的意识还不强，限制了生产性服务业的发展，亟须提高生产性服务产品的市场补给量。因此，为了强化生产性服务业对制造业转型升级的积极作用，要从增加生产性服务产品的供给量入手，鼓励制造企业将非核心的生产性业务进行外包，节省更多资源投入到核心技术的研发和攻关。同时，还要加快信息技术在生产性服务业与制造业发展中的桥梁作用，增强企业间互通合作途径，鼓励企业进行生产外包。

第五节　深化体制机制改革，增强政策支持力度

改善人力资本结构，加大产业政策对制造业发展的支持力度，释放财政政策、货币政策的调节作用，完善创新环境，提高技术人员研发创新的积极性，进一步深化体制机制改革，为制造业转型升级提供有力支撑。

（一）增强产业政策的规划指导作用

在发达国家重塑制造业竞争新优势的影响下，未来制造业的发展方向逐渐明晰，产业政策发挥指导作用的空间进一步加大。对制造业转型升级具有积极作用的《工业转型升级规划》《中国制造2025》等发展纲要，通过政策的导向作用能够加大金融财税政策对

制造业企业的扶持力度，在加速折旧和财政贴息等政策手段的影响下能够促使企业加快转型升级步伐，采用新的技术和设备来淘汰落后产能，提升制造业的信息化和智能化水平。在战略性新兴产业的发展规划中，明确了七个重点发展任务，为装备制造等产业的快速发展指明了方向，以推进核心关键技术和重点产品研发能力市场化为主体，在市场机制的作用下，进一步完善能源和资源的定价机制。根据经济发展和制造业转型升级的实际情况，适当调整基准利率和准备金率，降低企业融资成本，提高定性再贷款和降准的力度，缓解小微企业融资难的问题。通过税收等手段抑制高污染、高耗能的行业，敦促其内部进行生产方式变革和重组。加强基础设施的建设，能够在“一带一路”倡议的发展机遇中，稳定、扩大国内需求规模，开发新的消费领域；同时还要吸引更多境外资本参与到我国制造业转型发展中，带动投资的合理增长，利用好技术溢出的积极作用，促进制造业转型升级。

（二）改善人力资本结构，提高劳动要素质量

人力资本结构的变化，是近年来亟须加快制造业转型升级的关键因素之一。由于我国人口红利的逐渐减弱，劳动力的供给结构发生较大变化，能否获得高质量的劳动力是制造业转型升级的重要保障。为了改善人力资本结构，一方面，需要提高劳动者职业素养，从国家的层面对职业教育产生足够重视，通过加大政府投入扩大职业教育规模，建立多层级的教育体系满足不同职业发展需要，为低学历、低技能的劳动力建立培训体系，提高高等职业教育和中等职业教育的教学质量，吸引更多初高中毕业生参加专业技能培训，对在岗职工也要建立制度化的培训体制，加强专业技能和专业素养，多维度地深化职业教育政策改革，全面提高劳动者的专业技能；另一方面，由于人口红利的减弱，在劳动力的供给方面也要完善政策引导，通过放宽户口迁移政策和户籍制度改革等方式，对外来的流

动人口增强基本服务职能，提供合理的就业、医疗等服务，促进农村劳动力向城市流动，改善劳动力供给量下降的情况，从而改善制造业转型升级中的人力资本结构。

（三）营造良好的发展环境，促进贸易便利化

在国家创新战略的引导下，科技创新成为制造业转型升级的驱动力。为了适应创新驱动发展要求，需要改变原有的政策制定思路，在深化体制机制改革的基础上，构建符合市场规律和科技发展需要的创新环境，为技术创新提供更多政策支持，需要从顶层设计的层面加强专利保护力度，加强绩效管理体系的激励作用，推进现有科研机构改革转型，切实提高科研人员的创新积极性和科技成果的转化效率。同时还要重视企业在技术创新中的主体作用，将企业创新上升到国家战略，加大对中小企业在创新方面的金融支持，对高新技术企业和小微企业提供税收等优惠政策。此外，还要协调好国家、企业和科研院所在技术创新中的关系，重视国家投入资金的产出效率，规范企业和科研机构对研发基金的使用，将国家的资金投入重点放在战略新兴技术和重大技术方面，改变传统科技发展思路，通过营造良好的创新环境，使技术创新切实成为制造业转型升级的新驱动力。

树立积极参与全球价值链的观念，针对资本流动、金融税收、知识产权等多个领域，制定能够促进贸易自由化、便利化的新型贸易政策，打造公平稳定、可预期的贸易经营环境，加大对外开放和政府简政放权力度。通过简化企业报关管理、缩短进出口产品通关时间等方式，深化海关业务改革，降低企业参与全球价值链的难度。健全对外商投资体系的监管，缩减外商投资限制类条目，修订外商投资产业指导目录，建立负面清单管理模式，鼓励外商资本流入，促进国际贸易自由化发展。另外，为了实现企业价值链的升级，要加大力度建设公平的市场竞争环境，降低企业价值链中上下游企业的转型成本，重视

对开发、设计、服务等专业人才的培养，因为企业在参与全球价值链的过程中，顺利实现转型升级的必要条件就是东道国要具备高质量的人力资本储备。

第六节 深化国际产能合作，提升对外开放层次

除了关注技术创新内生动力对制造业转型升级的积极作用，还需充分释放外资的技术溢出效应。这就要求在新的发展环境下，以国家发展战略和国际产业发展形势为依托，利用新的发展机遇拓展我国制造业的国际发展空间，在保持制造业发展合理增速的前提下，有效规避外资所带来的风险。

（一）积极融入“一带一路”建设

由于历史发展条件的局限，我国制造业虽然增速较快但对固定资产投资下滑趋势明显，对资源型产业过度依赖。为了改变这一现状，需要通过技术标准和产业标准的提升，提高对外开放水平，在加大基础设施互联互通的基础上，进一步推动我国制造业在国际上的产能合作，从而带动地区和全国经济增长。“一带一路”倡议提出以来，我国制造业与沿线国家间的互联互通进一步增强，不仅包括加快高速公路和支线机场建设，改造陆路口岸边境桥梁提升边境通关能力，进一步扩大海陆空联运航线的协调，而且为我国制造业转型提供更多新的机遇。为了积极融入“一带一路”建设，提升我国制造业对外开放水平，首先，要协商解决合作中的各类障碍，尊重合作交流中的文化差异，重视人文交流和文化融通在合作中的积极作用，在增强互信的基础上共同制定区域合作的各类措施；其次，致力于更高水平的技术进步和创新能力；最后，要为境外投资提供更多便利，就要以构建自由贸易区为切入点消除投资的贸易壁垒，以深化金融合作和监管来降低区域性金融风险。

（二）积极承接产业转移，构建面向世界的现代制造业基地

面向世界的现代制造业基地区域内，生产要素的流动不受行政和人为的限制，可以跨区域甚至是通过全球采购整合相关的经济资源，通过经济联系把相关的制造业企业集聚到一定的地理空间范围内，实现产业配套带来的网络化资源共享和本地区经济效率的提高。目前全球经济发展还具有不确定性，但在全球经济一体化、产业国际分工不断深化的背景下，国际产业转移步伐加快。从国际上看，以中国为代表的发展中国家仍然是承接国际产业转移的主阵地。当前以及未来一段时期，经济全球化趋势将继续深入，国际产业分工也将向纵深发展。发达国家也开始向发展中国家转移部分资本、技术密集产品的生产，国际产业转移进入劳动密集型、资本密集型和技术密集型并存的阶段。发达国家内部由于制造成本较高，其资本、技术、商品等要素不断转向发展中国家，而中国作为具有比较优势的发展中国家，必将获得更多机会承接发达国家加工、组装等环节的转移，从而进一步参与到全球经济的分工中去。目前，我国长三角、珠三角仍为全球的制造业基地。

结　论

对转型升级问题的研究兼具理论与现实意义，尤其是在经济“新常态”下，认识转型升级对于适应“新常态”，把握经济发展主动权具有重要意义。目前我国制造业粗放型增长模式难以为继，转型升级压力不断增加，因此未来我国制造业发展要更多地依靠技术创新来实现可持续发展。故而本书致力于分析制约我国制造业转型升级的内在因素和外在因素，破解路径依赖形成的锁定效应，寻求解决依靠技术创新推动制造业转型升级的有效途径，并得出以下几部分结论。

本书第一章系统地分析了我国制造业转型升级面临的国内外环境。首先，国际环境中，我国制造业发展面临发达国家重塑制造业竞争优势浪潮及发展中国家成本优势显现的“双重压力”，推动发展速度向发展质量转变，对于我国重塑制造业竞争新优势具有重要意义。其次，环境和资源约束不断增强，粗放型增长方式难以为继，经济“新常态”下，要素驱动向创新驱动转变，将为转型升级提供持续动力。最后，综合国内外制造业转型升级研究成果，发现在制造业转型升级量化评定和影响因素实证方面还存在一些不足，缺乏创新驱动转型升级的动态性和系统性研究，为此，本书对上述方面展开深入研究。

本书第二章是相关概念界定和理论基础。制造业转型升级是指制造业内部高端要素替代低端要素的动态过程，即劳动密集型行业转向资本或技术密集型行业的过程，其结果表现为要素效率的提高。

技术创新是转型升级的内生动力，技术创新效率体现了技术能力在生产过程的重要作用，同时也是转型升级过程的集中体现。对制造业转型升级、技术创新和外资技术溢出效应予以界定，同时分析了工业化阶段、产业结构演进和可持续发展理论，为后续研究奠定理论基础。

本书第三章分析了我国制造业转型升级影响因素的作用机制。从内部因素看，转型升级更多地依靠人才、技术等新型要素来实现集约型发展；从外部因素看，所有制结构的变化、外商投资和对外贸易对制造业转型升级产生影响。此外，路径依赖性对我国制造业转型升级具有双重作用。

首先，内部因素驱动制造业转型升级的方式。创新驱动是各种驱动发展阶段的高级形式，其最终的表现是技术水平的提高和生产效率的提高，也是转型升级的不竭动力，在制造业转型升级中扮演着十分重要的角色。因此，未来我国制造业增长要更多地依靠技术创新和要素质量的提高，这将为我国制造业转型升级提供持续动力。人力资本的质量和资源禀赋状况决定技术创新能否顺利进行，从而对生产效率提高和产业结构优化升级产生重要作用。制造业转型升级的本质是通过提高生产要素质量，并将创新成果实际应用到产业发展中，从而提高生产效率。与传统要素驱动相比，要素质量的提高更加重视人才和知识的力量，通过技术创新来提高生产效率。提高要素质量不再是粗放式发展，而是依靠人才、技术和制度等新型要素来实现集约型发展。

其次，外部因素对制造业转型升级的影响。所有制结构的变化可能对制造业增长方式产生影响。外资对一个国家的发展越来越重要，通过技术转移及溢出效应，影响东道国的生产效率。技术转移的发生往往存在两个动因，一是在法制建设不完备的情况下，东道国对知识产权的保护力度还远远不够；二是为了维护跨国公司在东道国市场中的竞争地位，获取更多的投资收益。因此，将先进的技术转移到东道国是推动全要素生产率提高的直接推动力。在进出口贸易方面，为了迎合不断变化的国际市场需求，需要进一步提高产品的技术化和精细化程度，使我国产品质量和生产技术进一步提高，促进制造业技术实力的提升。

最后，路径依赖性对制造业转型升级的双重作用。由于受历史条件和外部因素影响，我国的传统产业，长期以来都以劳动密集型的制造业为主体，通过较低的劳动成本和大量的资源消耗实现产业的快速发展。但随着我国经济发展规模的扩大，资源要素的获取成本不断提高，如果仍然依赖大量的资源消耗就会严重制约产业发展质量。因此，路径依赖性对我国制造业转型升级具有双重作用，一是体制机制改革不断深化促使生产要素质量提高，技术创新能够保持在有效的发展路径上；二是传统的产业发展思维经过长时间的实践具有一定的“惯性”特点，从劳动密集型发展转型为技术集约式发展存在诸多障碍。

本书第四章分析了我国制造业转型升级的现实基础。新常态成为我国经济发展的阶段性特征，为制造业转型升级赋予了新的内涵。第一，经济新常态将为产业转型升级留有较大的政策选择和行动空间。未来我国经济的增长要更多地依靠技术创新来实现可持续发展。第二，当前我国产业结构调整出现了积极变化。制造业中内资企业占全行业比重在上升，外资企业占全行业比重在下降。第三，按照钱纳里的工业化阶段理论，我国处于工业化中期向后期过渡的阶段。现阶段我国制造业在激烈的国际竞争中，仍处于产业链的中低端环节，核心技术和创新能力仍需要进一步提高。

本书第五章采用产业结构超前系数测度我国制造业转型升级方向。为了更好地反映了产业转型升级的动态过程，采用 Lilien 指数和 More 值测定模型测度我国制造业转型升级速度，前者通过考察劳动力在各个产业间的转移来测定制造业转型升级速度；后者通过考察产业结构的变化来测度制造业转型升级速度。测度结果如下。

首先，我国制造业转型升级方向测度结果。从时间维度上看，制造业技术密集型行业结构演进较快，资本密集型行业和劳动密集型行业结构演进相对较慢，但在不同时期，特点各异。2000～2017年多数省份制造业中技术密集型行业保持超前发展。2000～2008年制造业资本密集型行业结构超前发展，2009～2017年制造业劳动密集型行业和技术密集型行业均体现了超前发展的特点。区域间转型升级方向基本相同，但特点各异。东部地区劳动密集型行业和技术密集型行业超前发展系数呈现上升趋势，而资本密集型行业超前发展系数有所下降。中部地区技术密集型行业和劳动密集型行业均超前发展，其中技术密集型行业超前发展最为明显，但资本密集型行业滞后发展。西部地区劳动密集型行业和技术密集型行业超前发展，资本密集型产业滞后发展，但各个时期特点不尽相同。

其次，我国制造业转型升级速度测度结果。Lilien指数测度结果显示：时间维度上，总体上区域制造业转型升级速度在加快。与2000～2008年相比，2009～2017年全国17个省份的制造业转型升级速度加快，劳动力转移速度加快，即天津、河北、山西、吉林、黑龙江、福建、江西、山东、河南、湖北、湖南、广东、广西、四川、贵州、云南、陕西。2000～2017年福建、北京和广东制造业的劳动力转移速度较快，Lilien指数分别达到了0.6157、0.5895和0.4362，而内蒙古和陕西省的制造业Lilien指数较低，分别为0.0848和0.0529。地区间制造业Lilien指数变化差异较大，但地区间变化特点不尽相同。东部地区和西部地区制造业Lilien指数变化差异性较大，中部地区Lilien指数呈现上升。

More值测度结果显示，时间维度上，制造业内部结构变化较慢。与2000～2008年相比，2009～2017年全国17个省份制造业内部结构矢量夹角值降低，即天津、内蒙古、吉林、江苏、浙江、海南、河北、山东、福建、广西、贵州、云南、广东、陕西、安徽、江西、新疆。2000～2017年制造业内部结构矢量夹角值海南最高，江西最低。总体而言，制造业内部结构矢量夹角值变化较慢，但区域间差异性较大。东部地区和西部地区制造业内部结构矢量夹角值变化较慢，中部地区矢量夹角值变化较快。

行业结构年均变动值测度结果显示：时间维度上，制造业结构年均变动值变化放慢。与 2000 ~ 2008 年相比，2009 ~ 2017 年全国 17 个省份的制造业结构年均变动值降低。2000 ~ 2017 年海南省制造业结构年均变动值最大，江西最低。总体放慢，但地区间特点不同。东部地区和西部地区制造业行业结构年均变动值呈现下降，而中部地区区域间变化差异性较大。

本书第六章采用 Bootstrap - DEA 方法对我国制造业转型升级效率进行评价。制造业转型升级主要指产业技术集约程度的提高，其过程为技术创新要素投入到技术创新产出的过程，本书选用技术创新效率来评价制造业转型升级过程，在此过程中，充分体现了要素质量的重要性。按照时间因素，将我国制造业转型升级效率分为静态性分析和动态性分析。

第一，我国制造业转型升级效率静态性分析结果。利用 Bootstrap - DEA 方法逐年计算得到了各个地区的制造业转型升级效率静态性特征值。计算结果显示，从整体上来说，全国 30 个省份的制造业转型升级效率静态性特征值呈现出一个逐步上升的趋势。同时全国 30 个省份的制造业转型升级效率静态性特征的地区差距出现一个先扩大后缩小的趋势。从结果中可以看到我国东部地区的制造业转型升级效率静态性特征高于中、西部地区。东部地区的制造业转型升级效率静态性特征高于全国平均水平，中、西部地区制造业转型升级效率静态性特征低于全国平均水平。东部地区内部之间制造业转型升级效率静态性特征的差距呈现一个不断缩小的趋势，但中、西部地区内部之间制造业转型升级效率静态性特征的差距是在不断扩大的。

第二，我国制造业转型升级效率动态性分析结果。计算结果显示，我国30个省份制造业 Malmquist 技术创新生产率指数的均值均超过了1，说明从整体的平均水平来看，全国制造业技术创新生产率是在不断提高的。我国30个省份 Malmquist 技术创新生产率指数的标准差呈现一个明显的降低趋势，全国制造业技术创新生产率指数的差距是在不断降低的。我国东部、中部、西部地区的制造业 Malmquist 技术创新生产率指数都超过了1，说明我国东部、中部、西部地区的技术创新生产率均在不断提高。但东部地区和西部地区之间制造业 Malmquist 技术创新生产率指数的差距在缩小，但是中部地区制造业 Malmquist 技术创新生产率指数的差距在扩大。从计算结果可以发现，我国制造业转型升级效率动态性特征的变化较为复杂，制造业转型升级效率动态性特征均值小于1，从整体来说，制造业技术创新效率出现了下降。但制造业转型升级效率动态性特征的差距呈现出一个不断缩小的趋势。我国东部、中部、西部地区都在一定时间段中出现了区域间制造业转型升级效率动态性特征下降的变化趋势，但各地区制造业转型升级效率动态性特征在区域间的差异在不断缩小。

本书第七章对我国制造业转型升级影响因素进行实证分析。在第五章测度制造业转型升级方向和速度基础上，利用动态空间面板模型实证分析制造业转型升级方向和速度影响因素的作用效果。在第六章评价制造业转型升级效率的基础上，采用空间 Tobit 模型实证分析制造业转型升级效率影响因素作用效果。结果如下。

首先，我国制造业转型升级方向和速度影响因素分析结果。(1) 从技术创新对制造业转型升级方向和速度影响效果看，其对行业结构演进方向及行业结构年均变动值影响尤为突出，在推动制造业结构高级化进程中发挥了重要作用。从人力资本对制造业转型升级方向和速度影响效果看，其影响系数都较高，无论是转型升级方向还是转型升级速度方面，其在推动制造业转型升级的进程中，都发挥了十分突出的作用。从要素禀赋对制造业转型升级方向和速度影响效果看，其对行业结构演进方向及劳动力转移速度的影响较为突出。从市场开放程度对制造业转型升级方向和速度影响效果看，其仅对制造业结构变动矢量夹角值影响较大。从外资技术溢出效应对制造业转型升级方向和速度影响效果看，其仅对制造业产业结构变动均值影响较大。从出口水平对制造业转型升级方向和速度影响效果看，无论是转型升级方向、劳动力转移速度、矢量夹角值还是行业结构年均变动值方面，在制造业转型升级的进程中，都发挥了十分重要的作用。（2）从制造业转型升级方向和速度滞后项影响程度看，与其他影响因素相比，滞后项的影响系数较弱。制造业转型升级方向和劳动力转移速度受到路径依赖的影响程度，大于制造业结构变动矢量夹角值和结构年均变动值受到路径依赖的影响程度，这与行业结构超前系数和 Lilien 指数考虑到了行业的发展有关。（3）比较转型升级方向和速度影响因素分析结果，在转型升级的进程中，人力资本和出口水平对制造业转型升级方向和速度影响最大，其次为技术创新能力和要素禀赋，总体而言，内部因素对制造业转型升级的影响大于外部因素。从转型升级水平路径依赖性因素影响程度看，制造业转型升级方向和劳动力转移速度受到的影响要大于制造业行业结构矢量夹角值和行业结构年均变动值。在制造业转型升级的过程中，产业间要素的流动速度和发挥的作用具有时间滞后性，而且企业对先进技术的吸收、产业间的技术溢出效应、生产要素的优化配置都需要一定的时间。

其次，我国转型升级效率影响因素分析结果。（1）制造业转型升级效率静态性特征值估计结果显示，GMM 估计和 MLE 估计结果具有一致性，制造业内、外部因素都对转型升级效率静态性特征值产生了正向影响，但影响程度不尽相同。内部因素中 β_2 对转型升级效率静态性特征值的影响系数最高，MLE 估计结果为 1.0091；而外部因素中 β_6 对转型升级效率静态性特征值的影响系数最高，GMM 估计结果为 1.0817，由此可见，区域间的人力资本和出口水平对制造业转型升级效率静态性特征的影响较为显著，并对转型升级效率发挥了重要的作用。具体而言，在内部因素中，技术创新水平和资源禀赋对制造业转型升级效率静态性特征值的影响较低，在转型升级过程中还有进一步发挥作用的空间；在外部因素中，所有制结构和外资技术溢出对制造业转型升级效率静态性特征的影响程度较低，在转型升级过程中的作用有待发挥。（2）制造业转型升级效率动态性特征值估计结果显示，内部因素中 β_1 和 β_2 对制造业转型升级效率动态性特征值的影响系数较高，MLE 估计数值分别为 0.6650、0.6342，外部因素中 β_6 对制造业转型升级效率动态性特征值的影响系数最高，MLE 估计数值为 2.4675，由此可见，技术创新、人力资本和出口水平对制造业转型升级效率动态性特征值的作用尤为突出。此外，资源禀赋、所有制结构和外资技术溢出的作用还有待发挥。（3）比较转型升级效率的静态性特征和动态性特征影响因素分析结果。内部因素中，提高技术创新能力和人力资本水平能极大地提升制造业转型升级效率。具体而言，技术创新对制造业转型升级效率动态性特征的作用大于静态性特征，可见技术创新作用具有时间滞后性。人力资本对制造业转型升级效率动态性特征的作用小于静态性特征，说明人力资本的作用当期就能发挥。无论是动态性还是静态性，要素禀赋的作用有限，说明要素禀赋的固化作用较强。外部因素中，对外开放程度越高，制造业转型升级效率越高。无论是动态性还是静态性，出口水平对制造业转型升级效率的作用非常显著，说明对我国制造业而言，对外贸易能促进技术转移，并通过国际竞争来提高效率。所有制结构和外资技术溢出对制造业转型升级效率动态性特征的作用大于静态性特征，二者的作用发挥都具有时间滞后性。

本书的第八章提出加快我国制造业转型升级的对策建议，根据实证分析结果，从三个方面提出了提高生产要素质量推动我国制造业转型升级的对策建议。

第一，要实现新常态下制造业转型升级，需提高要素质量，增强创新发展能力，塑造产业竞争新优势。目前，转型升级受到世界制造业发展趋势和经济环境变化等多重影响，制造业转型升级已不再局限于单一的产业结构转型和传统的升级概念，而是更加注重制造业生产方式的变革、驱动力转换和价值链升级等方面。技术进步对生产率的提升具有主导作用，为了提高生产率从而促进制造业转型升级，还需要从资本和劳动以外的广义技术进步入手，通过劳动手段的现代化和新生产工具的发明利用等方式，提升制造业创新发展能力，从而推动制造业转型升级。

第二，为破解转型升级被锁定在非效率的发展路径中，应以发展高端制造业为突破口，在激烈的市场环境中优化技术结构，从而推动制造业结构的高级化。路径依赖性会大大削弱技术溢出效应，因此为了充分发挥技术溢出效应对制造业转型升级的积极作用，就需要通过加强地域间的经济合作和建设产业集群等方式，发挥产业间关联效应促进企业技术进步，强化技术溢出的正向作用。加强政策的导向作用和调整力度，改善人力资本结构，加大产业政策对制造业发展的支持力度，释放财政政策、货币政策的调节作用，完善创新环境，提高技术人员研发创新的积极性，进一步深化体制机制改革，为制造业转型升级提供有力支撑。

第三，除了关注技术创新内生动力对制造业转型升级的积极作用，还需充分释放外资的技术溢出效应。这就要求在新的发展环境下，以国家发展战略和国际产业发展形势为依托，利用新的发展机遇拓展我国制造业的国际发展空间，在保持制造业发展合理增速的前提下，有效规避外资所带来的风险。

综上所述，依据制造业转型升级内涵，本书采用产业结构超前系数、Lilien 指数和 More 值对转型升级方向和速度进行测度。使用 Bootstrap-DEA 方法分析我国各地区的制造业转型升级效率。在此基础上，综合已有研究成果，从转型升级的内在因素和外在因素角度，实证分析我国制造业转型升级方向、速度和效率的影响因素，这与以往研究成果有所不同。但制造业转型升级是相对复杂的过程，影响因素较多，本书只是选取了技术创新、人力资本、资源禀赋、市场开放程度、外资技术溢出和出口水平等因素，而在体制机制等因素影响转型升级方面，还有待进一步研究。

参考文献

中文参考文献

[1] 陈柳、刘志彪：《本土创新能力、FDI技术外溢与经济增长》，《南开经济研究》2006年第3期，第90~101页。

[2] 陈羽、邝国良：《市场结构与FDI技术溢出——基于中国制造业动态面板数据的实证研究》，《世界经济研究》2009年第9期，第63~68页。

[3] 陈诗一：《中国的绿色工业革命：基于环境全要素生产率视角的解释（1980~2008）》，《经济研究》2011年第11期，第21~58页。

[4] 陈丰龙、徐康宁：《本土市场规模与中国制造业全要素生产率》，《中国工业经济》2012年第5期，第44~56页。

[5] 陈启斐、刘志彪：《进口服务贸易、技术溢出与全要素生产率——基于47个国家双边服务贸易数据的实证分析》，《世界经济文汇》2015年第5期，第1~21页。

[6] 陈文府：《中国制造业参与全球价值链的竞争力——基于世界投入产出表的国际比较研究》，《产业经济研究》2015年第5期，第1~11页。

[7] 陈超凡、王赟：《垂直专业化与中国装备制造业产业升级困境》，《科学学研究》2015年第8期，第1183~1192页。

[8] 陈佳贵、黄群慧等：《中国地区工业化进程的综合评价与特征

分析》，《经济研究》2005 年第 6 期，第 4 ~ 15 页。

[9] 陈勇、李小平：《中国工业行业的技术进步与工业经济转型——对工业行业技术进步的 DEA 法衡量及转型特征分析》，《管理世界》2007 年第 6 期，第 62 ~ 71 页。

[10] 程宏：《利用外资促进我国产业结构升级的新思路——外资技术溢出对我国产业结构高度化作用的思考》，《南方经济》2001 年第 4 期，第 28 ~ 30 页。

[11] 查建平、唐方方：《中国工业经济增长方式转变及其影响因素研究》，《当代经济科学》2014 年第 5 期，第 61 ~ 69 页。

[12] 邓春玉：《广东产业转型升级测度及要素空间演化响应机理研究》，《广东行政学院学报》2013 年第 1 期，第 78 ~ 84 页。

[13] 杜修立、王维国：《中国出口贸易的技术结构及其变迁：1980 ~ 2003》，《经济研究》2007 年第 7 期，第 137 ~ 151 页。

[14] 戴翔、金碚：《服务贸易进口技术含量与中国工业经济发展方式转变》，《管理世界》2013 年第 9 期，第 21 ~ 31 页。

[15] 杜伟、杨志江、夏国平：《人力资本推动经济增长的作用机制研究》，《中国软科学》2014 年第 8 期，第 173 ~ 183 页。

[16] 樊福卓：《中国工业的结构变化与升级》，《统计研究》2008 年第 7 期，第 19 ~ 25 页。

[17] 范爱军、刘云英：《韩国在山东省 FDI 的技术溢出效应实证分析》，《山东大学学报》（哲学社会科学版）2006 年第 4 期，第 127 ~ 132 页。

[18] 范剑勇：《产业集聚与地区间劳动生产率差异》，《经济研究》2006 年第 11 期，第 72 ~ 81 页。

[19] 傅元海：《中国引进 FDI 质量的实证研究》，《统计研究》2008 年第 10 期，第 9 ~ 17 页。

[20] 傅家骥等：《技术创新学》，清华大学出版社，1999，第 9 ~ 11 页。

[21] 范剑勇：《产业集聚与企业全要素生产率》，《世界经济》2014年第5期，第51~73页。

[22] 官俊涛、孙林岩、李刚：《中国制造业省际全要素生产率变动分析——基于非参数Malmquist指数方法》，《数量经济技术经济研究》2008年第4期，第97~130页。

[23] 高燕：《产业升级的测定及制约因素分析》，《统计研究》2006年第4期，第47~49页。

[24] 黄吉乔：《深圳居民消费结构升级与产业结构趋势》，《开发研究》2011年第1期，第10~15页。

[25] 蒋冠宏、蒋殿春：《中国工业企业对外直接投资与企业生产率进步》，《世界经济》2014年第9期，第53~76页。

[26] 蒋兴明：《产业转型升级内涵路径研究》，《经济问题探索》2014年第12期，第43~49页。

[27] 金碚：《资源约束与中国工业化道路》，《求是》2011年第8期，第38页。

[28] 金碚、吕铁、邓洲：《中国工业结构转型升级：进展、问题与趋势》，《中国工业经济》2011年第2期，第6~16页。

[29] 江源、陈颖婷：《长三角地区产业转型升级特征、路径与实施方略》，《调研世界》2014年第3期，第3~9页。

[30] 靖学青：《上海产业升级测度及评析》，《上海经济研究》2008年第6期，第53~55页。

[31] 蒋殿春、张宇：《经济转型与外商直接投资技术溢出效应》，《经济研究》2008年第7期，第26~38页。

[32] 库茨涅茨：《各国的经济增长》，商务印书馆，1958，第21页。

[33] 康继军、张宗益、傅蕴英：《中国经济转型与增长》，《管理世界》2007年第1期，第7~17页。

[34] 罗勇、曹丽莉：《中国制造业集聚程度变动趋势的实证研究》，《经济研究》2005年第8期，第106~127页。

[35] 刘伟、蔡志洲:《技术进步、结构变动与改善国民经济中间消耗》,《经济研究》2008 年第 4 期,第 4 ~ 14 页。

[36] 李毅:《晋城市煤化工产业发展中存在问题及对策》,《晋城职业技术学院学报》2010 年第 1 期,第 63 ~ 65 页。

[37] 梁维全:《外资工业对工业结构变化与升级的贡献度——基于广东工业的实证研究》,《国际经济探索》2009 年第 7 期,第 45 ~ 51 页。

[38] 李小平、卢现祥、朱钟棣:《国际贸易、技术进步和中国工业行业的生产率增长》,《经济学》(季刊)2008 年第 2 期,第 549 ~ 564 页。

[39] 刘伟全、张宏:《FDI 行业间技术溢出效应的实证研巧——基于全球价值链的视角》,《世界经济研究》2008 年第 10 期,第 56 ~ 64 页。

[40] 刘汉民:《路径依赖理论研究综述》,《经济学动态》2003 年第 6 期,第 65 ~ 67 页。

[41] 吕延方、王冬:《承接外包对中国制造业全要素生产率的影响——基于 1998 ~ 2007 年面板数据的经验研究》,《数量经济技术经济研究》2010 年第 11 期,第 66 ~ 83 页。

[42] 李超、覃成林:《要素禀赋、资源环境约束与中国现代产业空间分布》,《南开经济研究》2011 年第 4 期,第 123 ~ 136 页。

[43] 赖永剑:《集聚、空间动态外部性与企业创新绩效一基于中国制造业企业面板数据》,《产业经济研究》2012 年第 2 期,第 9 ~ 17 页。

[44] 李向升:《基于投入产出模型的广东产业结构关联特征分析》,《金融经济》2012 年第 11 期,第 38 ~ 42 页。

[45] 刘艳:《中国现代制造业全要素生产率研究》,《当代经济研究》2014 年第 2 期,第 75 ~ 82 页。

[46] 李静:《初始人力资本匹配、垂直专业化与产业全球价值链跃

迁》,《世界经济研究》2015 年第 1 期,第 65 ~ 73 页。

[47] 刘志彪、陈柳:《政策标准、路径与措施:经济转型升级的进一步思考》,《南京大学学报》(社会科学版)2014 年第 5 期,第 48 ~ 56 页。

[48] 李文军:《经济新常态下加快产业转型升级的路径》,《经济纵横》2015 年第 8 期,第 73 ~ 77 页。

[49] 李小平、朱钟棣:《中国工业行业的全要素生产率测算一基于分行业面板数据的研究》,《管理世界》2005 年第 4 期,第 56 ~ 64 页。

[50] 李耀新:《生产要素密集型产业论》,中国计划出版社,1995。

[51] 鲁晓东:《技术升级与中国出口竞争力变迁:从微观向宏观的弥合》,《世界经济》2014 年第 8 期,第 70 ~ 97 页。

[52] 梅丽霞、蔡铂、聂鸣:《全球价值链与地方产业集群的升级》,《科技进步与对策》2005 年第 4 期,第 11 ~ 13 页。

[53] 马强文、任保平:《中国经济发展方式转变的绩效评价及影响因素研究》,《经济学家》2010 年第 11 期,第 58 ~ 65 页。

[54] 马洪福、郝寿义:《产业转型升级水平测度及劳动生产率的影响——以长江中游城市群 26 个城市为例》,《经济地理》2017 年第 10 期,第 117 ~ 119 页。

[55] 聂辉华、贾瑞雪:《中国制造业企业生产率与资源误置》,《世界经济》2011 年第 7 期,第 27 ~ 42 页。

[56] 彭向、蒋传海:《产业集聚、知识溢出与地区创新——基于中国工业行业的实证检验》,《经济学》(季刊)2011 年第 3 期,第 913 ~ 934 页。

[57] 潘文卿、李子奈、刘强:《中国产业间的技术溢出效应——基于 35 个工业部门的经验研究》,《经济研究》2011 年第 7 期,第 18 ~ 29 页。

[58] 青木昌彦:《比较制度分析》,上海远东出版社,2001,第

36~56页。

[59] 任志成、戴翔：《产品内分工、贸易自由化与中国产业出口竞争力》，《国际贸易问题》2014年第4期，第23~32页。

[60] 沈坤荣、耿强：《外国直接投资、技术外溢与内生经济增长——中国数据的计量检验与实证分析》，《中国社会科学》2001年第5期，第82~93页。

[61] 邵军、徐康宁：《基于面板协整方法的外资与外贸关系研究》，《数量经济技术经济研究》2007年第10期，第91~99页。

[62] 单豪杰：《中国资本存量K的再估算：1952~2006》，《数量经济技术经济研究》2008年第10期，第17~31页。

[63] 孙晓华、王昀、郑辉：《R&D溢出对中国制造业全要素生产率的影响——基于产业间、国际贸易和FDI三种溢出渠道的实证检验》，《南开经济研究》2012年第5期，第18~35页。

[64] 苏楠、宋来胜：《FDI、产业集聚结构和行业创新绩效——基于制造业13个分行业面板数据的GMM分析》，《经济与管理》2013年第7期，第92~97页。

[65] 孙晓华、王昀、郑辉：《R&D影响全要素生产率的行业异质性——来自中国制造业的经验证据》，《管理工程学报》2014年第3期，第33~41页。

[66] 沈能：《空间集聚、规模门槛与技术创新：基于中国制造业企业普查数据的实证分析》，《管理工程学报》2014年第4期，第21~27页。

[67] 孙早、席建成：《中国式产业政策的实施效果：产业升级还是短期经济增长》，《中国工业经济》2015年第7期，第52~67页。

[68] 涂正革：《环境、资源与工业增长的协调性》，《经济研究》2008年第5期，第93~105页。

[69] 谭晶荣、闫敏霞等：《产业转型升级水平测度及劳动生产率影

响因素估测——以长三角地区16个城市为例》，《商业经济与管理》2012年第5期，第73~76页。

[70] 王艳丽、刘传哲：《全要素生产率对中国经济增长的贡献：1952~2002》，《北京理工大学学报》（社会科学版）2006年第5期，第88~97页。

[71] 吴延兵：《R&D与生产率——基于中国制造业的实证研究》，《经济研究》2006年第11期，第60~71页。

[72] 吴延兵：《自主研发、技术引进与生产率——基于中国地区工业的实证研究》，《经济研究》2008年第8期，第51~64页。

[73] 王岳平等：《我国产业结构的投入产出关联特征分析》，《管理世界》2007年第2期，第61~68页。

[74] 王苍峰：《FDI、行业间联系与溢出效应——基于中国制造业行业面板数据的实证分析》，《世界经济研究》2008年第3期，第73~79页。

[75] 王兵、吴延瑞、颜鹏飞：《中国区域环境效率与环境全要素生产率增长》，《经济研究》2010年第5期，第95~109页。

[76] 王龙伟、任胜钢、谢恩：《合作研发对企业创新绩效的影响研究——基于治理机制的调节分析》，《科学学研究》2011年第5期，第785~792页。

[77] 王金杰：《信息化与工业化融合的机制与绩效》，南开大学博士学位论文，2012。

[78] 王文翌、安同良：《产业集聚、创新与知识溢出——基于中国制造业上市公司的实证》，《产业经济研究》2014年第4期，第22~29页。

[79] 王岚、李宏艳：《中国制造业融入全球价值链路径研究——嵌入位置和增值能力的视角》，《中国工业经济》2015年第2期，第76~88页。

[80] 王利晓、惠宁：《陕西省高新区产业集聚与FDI技术溢出效应

研究——基于三个高新区面板数据的实证分析》，《宝鸡文理学院学报》（社会科学版）2015 年第 2 期，第 114 ~ 119 页。

[81] 王昀：《中国工业转型升级的潜力测算与路径优化研究》，大连理工大学博士学位论文，2016。

[82] 王云：《安徽省产业转型升级内在机理及影响因素研究》，《安庆师范大学学报》（社会科学版）2017 年第 4 期，第103 ~ 106 页。

[83] 王守坤：《空间计量模型中权重矩阵的类型与选择》，《经济数学》2013 年第 3 期，第 57 ~ 63 页。

[84] 徐康宁、冯伟：《基于本土市场规模的内生化产业升级：技术创新的第三条道路》，《中国工业经济》2010 年第 11 期，第 58 ~ 67 页。

[85] 席艳玲、吉生保、王小艳：《要素相对价格对产业结构调整的倒逼效应分析——基于省际动态面板数据的系统 GMM 估计》，《财贸研究》2013 年第 5 期，第 18 ~ 24 页。

[86] 肖国东：《产权对制造业生产效率的影响研究》，《社会科学战线》2014 年第 11 期，第 263 ~ 265 页。

[87] 肖国东：《经济“新常态”下我国产业结构调整趋势分析——基于居民消费结构升级的思考》，《内蒙古社会科学》（汉文版）2015 年第 7 期，第 106 ~ 111 页。

[88] 肖国东、曲锋：《推动吉林省融入“中国制造 2025”战略研究》，《江苏经贸职业技术学院学报》2016 年第 6 期，第 1 ~ 6 页。

[89] 肖国东：《我国制造业创新资源要素空间分布结构性矛盾及对策》，《经济纵横》2017 年第 3 期，第 90 ~ 95 页。

[90] 西蒙·库兹涅茨：《现代经济增长》，北京经济学院出版社，1989，第 1 页。

[91] 薛继亮：《人力资本、技术进步和产业转型的相互影响机理研究——基于尼尔森—菲尔普斯模型》，《经济经纬》2015 年第

1 期，第 125 ~ 130 页。

[92] 姚正海、杨宝华、叶青：《基于区域产业转型升级的创新人才培养问题研究》，《经济问题》2013 年第 10 期，第 87 ~ 90 页。

[93] 易先忠、张亚斌、刘智勇：《自主创新、国外模仿与后发国知识产权保护》，《世界经济》2007 年第 3 期，第 31 ~ 40 页。

[94] 杨汝岱：《中国制造企业全要素生产率研究》，《经济研究》2015 年第 2 期，第 61 ~ 74 页。

[95] 原毅军、孙大明：《FDI 技术溢出、自主研发与合作研发的比较——基于制造业技术升级的视角》，《科学学研究》2017 年第 9 期，第 1334 ~ 1347 页。

[96] 约瑟夫·熊彼特：《经济发展理论》，商务印书馆，1990，第 15 ~ 18 页。

[97] 张浩然：《空间溢出与区域全要素生产率》，《经济学家》2012 年第 2 期，第 68 ~ 74 页。

[98] 张翊、陈雯骆、时雨：《中间品进口对中国制造业全要素生产率的影响》，《世界经济》2015 年第 9 期，第 107 ~ 129 页。

[99] 张志永：《江苏省工业产业结构升级研究》，扬州大学硕士学位论文，2011。

[100] 张辉：《全球价值链理论与产业发展研究》，《中国工业经济》2004 年第 5 期，第 38 ~ 46 页。

[101] 张波：《中小企业转型升级策略研究》，《科技管理研究》2010 年第 12 期，第 147 ~ 149 页。

[102] 张风、何传启：《国家创新系统》，高等教育出版社，1999，第 163 ~ 184 页。

[103] 张培刚：《农业与工业化·中小合卷》，华中科技大学出版社，2002，第 4 ~ 8 页。

[104] 张璐、景维民：《技术、国际贸易与中国工业发展方式的绿色转变》，《财经研究》2015 年第 9 期，第121 ~ 132 页。

[105] 张军：《资本形成、工业化与经济增长》，《经济研究》2002年第6期，第3~13页。

[106] 张军、吴桂英、张吉鹏：《中国省级物资资本存量估算：1952~2000》，《经济研究》2004年第10期，第35~44页。

[107] 张军、陈诗一、Gary H. Jefferson：《结构改革与中国工业增长》，《经济研究》2009年第7期，第4~20页。

[108] 张明志、李敏：《国际垂直专业化分工下的中国制造业产业升级及实证分析》，《国际贸易问题》2011年第1期，第118~128页。

[109] 张杰、张少军、刘志彪：《多维技术溢出效应、本土企业创新动力与产业升级的路径选择——基于中国地方产业集群形态的研究》，《南开经济研究》2007年第3期，第47~67页。

[110] 周桂荣、王冬：《推动京津冀区域产业升级与创新浅探》，《现代财经（天津财经大学学报）》2011年第3期，第29~33页。

[111] 朱平芳、项歌德、王永水：《中国工业行业R&D溢出效应研究》，《经济研究》2016年第11期，第44~55页。

[112] 朱晓霞、郭秀君、宋之杰：《高端装备制造业实施开放式创新的动因及对策分析》，《河北学刊》2014年第4期，第111~114页。

[113] 朱卫平、陈林：《产业升级的内涵与模式研究—以广东产业升级为例》，《经济学家》2011年第2期，第60~66页。

[114] 朱华桂：《跨国公司在华子公司技术溢出效应实证研究》，《科研管理》2003年第2期，第138~144页。

[115] 赵文军、于津平：《贸易开放、FDI与中国工业经济增长方式——基于30个工业行业数据的实证研究》，《经济研究》2012年第8期，第18~31页。

英文参考文献

[116] Aitken, Brian J. , and Harrison. "Do Domestic Firms Benefit From Direct Foreign Investment?" *AmericanEconomic Review*, 1999, 89: 605 - 618.

[117] A. Young. "Gold into Base Metals: Productivity Growth in the Peoples Republic of China during the Reform Period," *Journal of Political Economy*, 2003, 111: 1220 - 1261.

[118] Anselin, "Spatial Econometrics: MethodsandModels," *Dordrecht Kluwer*, 1988.

[119] Aleksandra Partake, "Economic Growth, Structural Change and Quality Upgrading in New Member States," *European Investment Bank Working Paper*, 2009.

[120] Arthur W. Brian, "Competing technologies, Increasing returns and lock - in by historical events," *Economic Journal*, 1989 (99): 116.

[121] Albert G. , Hu Z. , Gary H. , Jefferson, Qian J. , "R&D and Technology Transfer: Firm - Level Evidence from Chinese Industry," *The Review of Economics and Statistics*, 2005, 87 (4): 780 - 786.

[122] Anselin L, J. Le Gallo and H. Jaye. "Spatial Panel Econometrics in The Econometrics of Panel Data," *Springer*, 2008.

[123] Anselin, L. , "Under the Hood: issues in the specification and interpretation of spatial regression models," *Agricultural Economics*, 2002, 17: 247 - 267.

[124] Anselin, L. , "Spatial externalities, spatial multipliers, and spatial econometrics," *International Regional Science Review*, 2003, 26: 153 - 166.

[125] Bavaud, F., "Models for spatial weights: a systematic look," *Geographical Analysis*, 1998, 30: 153 - 171.

[126] Barrios S., Gorg H., Strobl E., "Foreign direct investment, competition and industrial development in the host country," *Ssrn Electronic Journal.* 2005, 49 (7): 1761 - 1784.

[127] Banker, R., Charnes, A., Cooper, W. W., "Some Models for Estimating Technical And Scale Inefficiencies in Data Envelopment Analysis," *Management Science*, 1984, 30: 1078 - 1092.

[128] Baltagi B. H., G. Bresson and A. Pirotte. Testing the Fixed Effects Restrictions? A Monte Carlo Study of Chamberlain's Minimum Chi - Squared Test. Center for Policy Research, Paper 51, Syracuse University, 2009.

[129] Brulhart M. and N. A. Mathys., "Sectoral Agglomeration Economies in a Panel of European Regions," *Regional Science and Urban Economics*, 2008, 38: 348 - 362.

[130] Brulhart M. and F. Sbergami, "Agglomeration and Growth: Cross-country lividence," *Journal of Urban Economics*, 2009, 65: 48 - 63.

[131] Bavaud, F., "Models for spatial weights: a systematiclook," *Geographical Analysis*, 1998.

[132] Bodson, P. and D. Peters, "Estimation of the coefficients of a linear regression in the presence of spatial autocorrelation: an application to a Belgium labor demand function," *Environment and Planning*, 1975, 04: 455 - 472.

[133] Caves R. E., "Causes of Direct Investment: Foreign Firms' Shares in Canadian and United Kingdom Manufacturing Industries," *The Review of Economics and Statistics.* 1974, 56 (3): 279 - 293.

[134] Caves R. E., "International Corporations: the Indusrial Economics

of foreign," *Investment. Economics.* 1971, 38: 1 -27.

[135] Chenery H. B., Syrquin M, Elkington H. *Patterns of development*, 1950 - 1970. London: Oxford University Press, 1975.

[136] Chenery H. B., "Patterns of Industrial - growth," *The American Economic Review*, 1960, 50 (4): 624 -654.

[137] Charnes, A., Cooper, W. W., Rhodes, E., "Measuring the Efficiency of Decision Making Units," *European Journal of Operational Research*, 1979, 2: 429 -444.

[138] Colin, M. A. Clark, *The Conditions of Economoc Progress.* London: Macmilan&Co. Ltd, 1940: 395.

[139] Correa. P. G., "The Effect of Trade Liberalisation on Market Power," *The Case of the Brazilian Manufacturing*, 1997, p. 13: E. I. U., Coutry Report: Brazil, June 2001, p. 5, p. 30.

[140] Coe. D. and E. Helpman, "International R&D Spillovers," *European Economic Review*, 1995, 39: 859 -87.

[141] Capello. R., "Entre preneurship and Spatial Externalities: Theory and Measurement," *The Annals of Regional Science*, 2004, 36: 387 -402.

[142] Chen Ku - Hsieh, Yang Hao - Yen, "A cross - country comparison of productivity growth usingthe generalised metafrontier Malmquist productivity index: with application to banking industries in Taiwan and China," *Journal of Productivity Analysis*, 2011, 35: 197 -212.

[143] Chancery. H. B., SyrqiiinM, Elkington H. *Patterns of Development*, *1950 -1970*. London: Oxford University Press, 1975.

[144] Denison E., "Some Major Issues in Productivity Analysis an Examination of the Estimates by Jorgenson and Griliches," *Survey Current Business*, 1972, 49: 55 -67.

[145] David. Paul A. , "Clio and the economics of QWERTY," *American Economic Review*. 1985 (75): 332.

[146] Diba, Behzad T1and Grossman, Herschel, "Explosive Rational Bubbles In Stock Prices?" *American Economic Review*, 1988, 178: 520 – 530.

[147] Djankov S. & Bernard H. , "Foreign Investment and Productivity Growth in Czech Enterprises," *World Bank Economic Review*, 2000, 14: 49 – 64.

[148] Desmet K. and M. Fafchamps, "Employment concentration across U. S. counties," *Regional Science and Urban Economics*, 2006, 36: 482 – 509.

[149] Domadenik P. , Prašnikar J. , Svejnar J. , "Restructuring of firms in transition: ownership, institutions and openness to trade," *Journal of International Business Studies*, 2008, 39: 725 – 746.

[150] Dimelis, Sophia P. , and Sotiris K. Papaioannou, "FDI and ICT Effects on Productivity Growth: A Comparative Analysis of Developing and Developed Countries," *European Journal of Development Research*, 2010, 22: 79 – 96.

[151] Du L. , Harrison A. , Jefferson G. H. , "Testing for horizontal and vertical foreign investment spillovers in China, 1998 – 2007," *Journal of Asian Economics*, 2012, 23: 234 – 243.

[152] Efferson, G. H. , "Growth, Efficiency and Convergence in China's State and Collective Industry," *Economic Development and Cultural change*, 1992, 40: 239 – 266.

[153] Evstigneev A. R. , Wooders I. J. , "Noncooperative versus cooperative R&D with endogenous spillover rates," *Games and Economic Behavior*, 2003, 42: 183 – 207.

[154] Elisabet V. M. , " Agglomeration Economies and Industrial location: City level Evidence?" *Journal of Economic Geography*, 2004, 04: 565 – 582.

[155] Fankhauser S. , Bowen A. , Calel R. , "Who will win the green race? In search of environmental competitiveness and innovation," *Global Environmental Change.* 2013 (23): 902 – 913.

[156] Freeman C. *The economics of industrial innovation.* The MIT Press, 1982, 118 – 154.

[157] Farrell M. J. , "The Measurement of Productive Efficiency," *Journal of the Royal Statistical Society*, 1957, 120 (3): 253 – 290.

[158] Fare, R. and D. Prinmont, *Multi – Output Production and Duality: Theory and Applications.* Boston: Kluwer Academic Publishers, 1995.

[159] Fare R. , Grosskopf S. , Norris M et al. , "Productivity growth, technical progress, and efficiency change in industrialized countries," *Am Econ Rev* , 1994, 84 (1): 66 – 83.

[160] Fare R. , Grosskopf S. , Norris M et al. , "Productivity growth, technical progress, and efficiency change in industrialized countries," *Am Econ Rev* , 1994, 84 (1): 66 – 83.

[161] Farrell M. J. , "The Measurement of Productive Efficiency," *Journal of the Royal Statistical Society*, 1957, 120 (3): 253 – 290.

[162] Gereffi. G. , "International Apparel. Commodity Chains," *Trade and Industrial Upgrading in the Journal of International Economics*, 1999 (48): 37 – 70.

[163] Gallo J. L. , B. Fingleton. " Estimating spatial models with endogenous variables, a spatial lag and spatially dependent Disturbances: fnite sample properties," *Papers in Regional Science*,

2008, 87: 319 - 339.

[164] Gereffi. G. , "International Trade and Industrial Upgrading in the Apparel commodity Chain," *Jouranl of International Economics*, 1999, 48: 37 - 70.

[165] Humphrey. J. & Schmitz. H. , "How does insertion in global value chains affect upgrading industrial clusters?" *Regional Studies*, 2002. 36: 1017 - 1027.

[166] Haining, R. , *Spatial Data Analysis*, Cambridge: Cambridge University Press, 2003.

[167] Hansen, Henrik, and John Rand. "On the Causal Links between FDI and Growth in Developing Countries," *World Economy*, 2006, 29: 21 - 41.

[168] Haskel, Jonathan E. , Sonia C. Pereira, and Matthew J. Slaughter, "Does Inward Foreign Direct Investment Boost the Productivity of Domestic Firms?" *Review of Economics and Statistics*, 2007, 89: 482 - 496.

[169] Hoffmann W G. *The growth industrial economics.* Oxford: Oxford of University, 1931.

[170] Hall, B. Lotti and J. Mairessey, "Innovation and Productivity in SME: Empirical Evidence for Italy," *Small Business Economics*, 2009, 33: 13 - 33.

[171] Hua, Liu. S. , "Transportation, economic growth and spillover effects: The conclusion based on the spatial econometric model," *Frontiers of Economics In China.* 2010, 05: 169 - 186.

[172] J. Schmookler, *Invention and Economic Growth.* Harvard University Press, 1966: 33 - 36.

[173] Jorg Sydow, "Organizational Path Dependence: Opening the Black Box," *Academy of Management Review*, 2009 (4): 689 - 709.

[174] J. Alvarez, M. Arellano, "The time series and cross – section asymptotics of dynamic panel data estimators," *Econometrica*, 2003, 71: 1121 – 1159.

[175] Kaplinsky. R., Morris, M., "A Handbook for Value Chain Research," *Institute of Development Studies*, 2002: 11 – 18.

[176] Kaldor N., Capital Accumulation and Economic Growth // FRIEDRICH A LUTZ, DOUGLAS C HAGUE. *The Theory of Capital*. New York: St. Martin's Press, 1961: 177 – 222.

[177] Kuznets Simon, "Modern Economic Growth: Findings and Reflections," *American Economic Review*, 1973, 63 (3): 829 – 846.

[180] Kuznets S., "Economic growth of nations: Total output and production structure," Cambridge, MA: Harvard University Press, 1971.

[181] Kaplinsky R, Readman, J., "Globalization and upgrading: What can (and cannot) be learnt from international trade statistics in the wood furniture sector?" *Industrial and Corporate Change*, 2005, 14 (4): 679 – 703.

[182] Kelejian, H., Prucha, I., "On the asymptotic distribution of the Moran I test statistic with application," *Journal of Econometrics*, 2001, 104: 219 – 257.

[183] Kneip A., Simar L., Wilson P. W., "A computationally efficient, consistent bootstrap for inference with non – parametric DEA estimators," *Comput Econ.*, 2011 (b).

[184] Leenders, R., "Modeling social influence through network autocorrelation: constructing the weight matrix," *Social Networks*, 2002, 24: 21 – 47.

[185] Lung – fei Lee and Jihai Yu. "Efficienct GMM estimation of spatial dynamic panel data models with fixed effects," *Journal of Econometrics*, 2014, 180: 174 – 197.

[186] Leamer, Edward E., "The Leontief Paradox, Reconsidered," *The Journal of Political Economy*, Vol. 88, No. 3 (Jun., 1980), pp. 495 - 503.

[187] Marks, Lauren, "Asia's Next Giant: South Korea and Late Industrialization," *Journal of International Affairs*, 2005, 58: 20 - 28.

[188] Markusen, James R., and Anthony J. Venables. "Foreign Direct Investment as a Catalyst for Industrial Development," *European Economic Review*, 1999, 43 (2): 335 - 356.

[189] Miguel G. J., Gutierrez L. H., Taborda R., "Innovation and Productivity in the Colombian Service and Manufacturing Industries," *Emerging Markets Finance and Trade*. 2015, 51 (3): 612 - 634.

[190] North, "The contribution of the new institutional economics to an understanding of the transition problem," *WIDER Annual lectures*, 1997 (1): 1 - 18.

[191] Ottaviano, Martin. "Growth and Agglomeration," *Internationali Economic Review*, 2001, 42: 947 - 968.

[192] Parent, O., Lesage, J. P., "Using the variance structure of the conditional autoregressive spatial specification to model knowledge spillovers," *Journal of Applied Econometrics*, 2008, 23: 235 - 256.

[193] Pavlinek P., Domanski. B., Guzik R., "Industrial upgrading through foreign direct investment in Central European automotive manufacturing," *European Urban and Regional Studies*, 2009, 16: 43 - 63.

[194] Petty W., "Political arithmetick," *Economic Writings*, 1899, 1: 245.

[195] Poon T. S. C. , "Beyond the global production networks: a case of further upgrading of Taiwan's information technology industry," *International*, *Journal of Technology and Globalization*, 2004, 1 (1): 130 - 145.

[196] Pinkse, J. and Slade M. E. , "Contracting in space: An application of spatial statistics to discrete - choice models," *Journal of Econometrics*, 1998, 85: 125 - 154.

[197] R. M. Solow, " Technological Change and the Aggregate Production Function," *Review of Economics and Statistics*, 1957, 39: 312 - 320.

[198] Russu C. , " Structural Changes Produced in the Romanian Manufacturing Industry in the Last Two Decades," *Procedia Economics and Finance.* 2015 (22): 323 - 332

[199] Su, L. and Z. Yang, "QML estimation of dynamic panel data models with spatial errors," *Journal of Econometrics*, 2015, 185: 230 - 258.

[200] Schmitz H . , "Collective efficiency: Growth path for small - scale industry," *Journal of Development Studies*, 1995, 31: 529 - 566.

[201] Schmitz H. , "Learning and earning in global garment and footwear chains," *The European Journal of Development Research*, 2006, 18: 546 - 571.

[202] Simar L, Wilson P. W. , "Estimation and inference in two - stage, semi - parametric models of production processes," *Journal of Econometrics*, 2007, 136: 31 - 64.

[203] Sezen B. , Cankaya S. Y. , "Effects of green manufacturing and eco - innovation on sustainability performance," *Procedia - Social and Behavioral Sciences*, 2013 (99): 154 - 163.

[204] Shephard, R. W., *Cost and Production Functions*, Princeton University Press, Princeton, N. J., 1953.

[205] Simar L., Wilson P. W., "Inference by the m out of n bootstrap in nonparametric frontier models," *Prod Anal*, 2011.

[206] Sembenelli A., Siotis G., "Foreign Direct Investment, Competitive Pressure and Spillovers. An Empirical Analysis of Spanisli Firm Level Data," *CEPR Discussion Paper*, 2005: 4903.

[207] Thurner T. W., Roud V., "Greening strategies in Russia's manufacturing – from compliance to opportunity," *Journal of Cleaner Production*, 2016 (112): 2851 – 2860.

[208] Timer P. Marcel, "Productivity Growth in Asian Manufacturing: the Structural Bona Hypothesis Examined," *Applied Economics. U. S*, 2000, 30: 121 – 132.

[209] Waddington H., *The strategy of genes.* London: Cambridge University Press. 1957: 25.

[210] Xu X., Sheng Y., "Are FDI spillovers regional? Firm – level evidence from China," *Journal of Asian Economics*, 2012, 23: 244 – 258.

攻读学位期间发表的学术论文及参与的科研项目

1. 已出版的学术著作及已发表的论文

第一作者

[1]《经济“新常态”下东北地区制造业转型升级问题研究》，吉林人民出版社，2015。

[2]《产权对制造业生产效率影响研究——以国有企业和民营企业为例》，《社会科学战线》2014 年第 11 期，第 263 ~ 265 页。

[3]《我国制造业创新资源要素空间分布结构性矛盾及对策》，《经济纵横》2017 年第 3 期，第 90 ~ 95 页。

[4]《经济“新常态”下我国产业结构调整趋势分析——基于消费结构升级的思考》，《内蒙古社会科学》（汉文版）2015 年第 4，第 106 ~ 111 页。

[5]《试论工业进程中的技术进步》，《经济论坛》2011 年第 7 期，第 104 ~ 107 页。

[6]《东北地区制造业创新发展研究》，载《中国东北地区发展报告(2017)》，社会科学文献出版社，2017。

[7]《吉林省装备制造业发展障碍及振兴策略》，《经济研究导刊》2013 年第 8 期，第 50 ~ 52 页。

[8]《推动吉林省融入“中国制造 2025”战略研究》，《江苏经贸职业技术学院》2016 年第 3 期，第 1 ~ 6 页。

[9]《加快推进吉林省装备制造业发展研究》，载《2013 年吉林经济

社会形势分析与预测》，社会科学文献出版社，2013。

第二作者

[10]《私营工业发展水平的省际比较与启示》，《经济纵横》2014年第6期，第63~67页。

2. 主持及参与的科研项目

主持项目

[1] 项目名称：吉林省制造业转型升级的路径与对策研究
项目来源：吉林省社科基金一般项目　项目编号：2016B59

[2] 项目名称：推动吉林省制造业创新发展研究
项目来源：吉林省社科基金一般项目　项目编号：2014B87

[3] 项目名称：吉林省制造业空间技术溢出效应及提升路径研究
项目来源：吉林省科技厅软科学项目　项目编号：2017R61

[4] 项目名称：吉林省制造业生产效率研究
项目来源：吉林省社会科学院一般项目　项目编号：2015S06

参与项目

[5] 项目名称：吉林省汽车产业与石化产业融合发展研究
项目来源：吉林省科技厅软科学项目　项目编号：2013R30

后　记

博士论文的出版让我万分激动。“一寸光阴一寸金，寸金难买寸光阴”的古训，让我认识到时间虽然无情，但也对每一个人保持着绝对的公平。正因为如此，工作之后的我更加珍惜每一次在校学习的机会。进入吉林大学深造，并成为张晓峒教授的学生，为我的科研工作进一步夯实了专业基础，丰富了知识储备，坚定了在科研工作中孜孜不倦、务实创新的信心和勇气。

奈何时光荏苒，岁月如梭，回忆往昔博士在读期间的学习经历，首先，要感谢吉林大学为我提供了优质的学习资源。转型升级问题既引起了学术界的热议，也是政策制定者关注的焦点，那么研究转型升级问题对于推动产业结构优化升级，深化体制机制改革，具有重要的实践意义与政策参考价值。因此，回忆论文写作中的点点滴滴，对制造业转型升级的探索需要丰富的专业知识作为后盾，吉林大学高质量的学习资源为我的论文写作提供了保障。其次，我要衷心感谢我的导师张晓峒教授，正是他对我的悉心指导和关怀，让我能够克服重重困难，坚持论文写作。同时，也要感谢吉林大学商学院全体老师对我的教育和培养，每一次研讨会和学术会议都让我受益匪浅。再次，要感谢我的同学们，特别是同门师兄弟，是他们对我的无私帮助让我顺利完成了在校阶段的学习。师生之情、同窗之谊，伴随我走过了博士阶段学习时光，也将铭记在我今后的人生道路上。最后，我要对家人说声“谢谢”。当我因为一道道难关心生怯意时，是他们的鼓励和信任让我克服困难、砥砺前行，没有他们的理解和支持，我同样无法取得今天的成绩。

肖国东
2019 年 6 月于长春

图书在版编目(CIP)数据

我国制造业转型升级评价及影响因素研究 / 肖国东著. -- 北京：社会科学文献出版社，2020.1
ISBN 978-7-5201-6030-8

Ⅰ.①我… Ⅱ.①肖… Ⅲ.①制造工业-产业结构升级-研究-中国 Ⅳ.①F426.4

中国版本图书馆 CIP 数据核字（2020）第 014452 号

我国制造业转型升级评价及影响因素研究

著 者 / 肖国东

出 版 人 / 谢寿光
组稿编辑 / 任文武
责任编辑 / 李 淼
文稿编辑 / 刘如东

出 版 / 社会科学文献出版社 · 城市和绿色发展分社（010）59367143
地址：北京市北三环中路甲 29 号院华龙大厦 邮编：100029
网址：www.ssap.com.cn
发 行 / 市场营销中心（010）59367081 59367083
印 装 / 三河市尚艺印装有限公司

规 格 / 开 本：787mm × 1092mm 1/16
印 张：12 字 数：158 千字
版 次 / 2020 年 1 月第 1 版 2020 年 1 月第 1 次印刷
书 号 / ISBN 978-7-5201-6030-8
定 价 / 78.00 元

本书如有印装质量问题，请与读者服务中心（010-59367028）联系